FOCUS2025

2025年版 出る順
中小企業診断士
FOCUS

テキスト&WEB問題

経済学・経済政策

はしがき

＜応用力が問われる１次試験＞

　近年の１次試験の傾向として、ただ知識を問うのではなく、知識の本質を問う問題が多く出題されており、出題形式が「知識確認型」から「実務思考型」へ変化しています。

　その背景として、現在、中小企業庁は中小企業診断士を積極的に活用し、中小企業を支援する動きが出てきているということが挙げられます。厳しい日本経済の中、中小企業は非常に厳しい環境にあります。そのため、中小企業診断士は、いかに知恵を出して問題を解決していくかが求められており、１次試験も単なる暗記、知識詰め込みでは対応が難しい応用問題が出題されるようになってきています。

　このような状況の下、従来の知識網羅型のテキストではなく、各科目の重要項目を整理した『出る順中小企業診断士 FOCUSテキスト＆WEB問題』を開発しました。従来のインプット重視のカリキュラムからアウトプットへ比重を置いたことが、幸いにも多くの受験生の方々から好評をいただきました。

　また、引き続き独学の受験生や他校の受講生の方々からは「『出る順中小企業診断士 FOCUSテキスト＆WEB問題』が欲しい」という要望をいただいておりましたので、今回、2025年版を発刊することとなりました。

＜本書の使用方法＞

　『2025年版 出る順中小企業診断士 FOCUSテキスト＆WEB問題』を有効に活用するために、Web上に本テキスト使用ガイダンスを公開いたします。以下のURLからアクセスいただきますようお願いいたします。また、二次元コードからもアクセスいただけます。

https://www.lec-jp.com/shindanshi/book/member/

2024年６月吉日

株式会社　東京リーガルマインド
ＬＥＣ総合研究所　中小企業診断士試験部

本書の効果的活用法

『FOCUSテキスト＆WEB問題』を効果的に使って学習を進めるために、各テーマごとの基本的な学習の流れを解説いたします。

使い方 STEP 1 要点を捉える

『FOCUSテキスト＆WEB問題』は、まず「テーマの要点」を把握することから始まります。体系図とあわせてテーマの要約を簡潔に説明していますので、セットで理解するようにしてください。

また、学習後の復習や、本試験直前のスピードチェックも、このパートを読み返すだけでよいように設計されています。

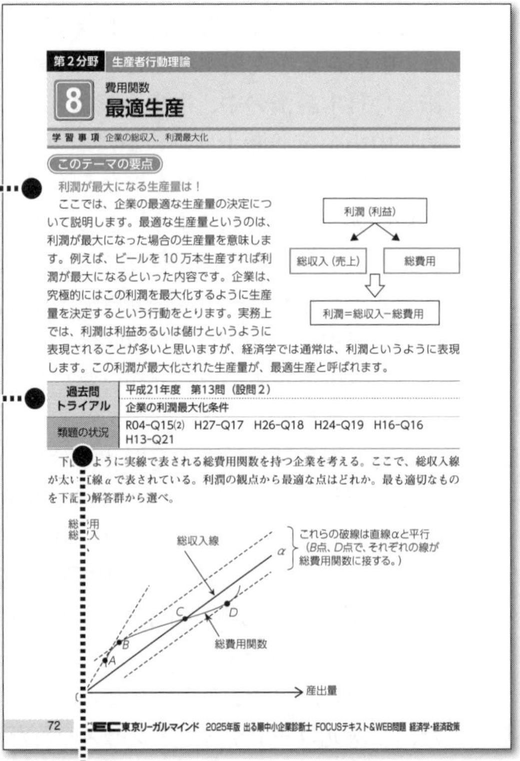

（参考：右側のテキストページ）

第2分野　生産者行動理論

8 費用関数
最適生産

学習事項　企業の総収入、利潤最大化

このテーマの要点

利潤が最大になる生産量は！

ここでは、企業の最適な生産量の決定について説明します。最適な生産量というのは、利潤が最大になった場合の生産量を意味します。例えば、ビールを10万本生産すれば利潤が最大になるといった内容です。企業は、究極的にはこの利潤を最大化するように生産量を決定するという行動をとります。実務上では、利潤は利益あるいは儲けというように表現されることが多いと思いますが、経済学では通常は、利潤というように表現します。この利潤が最大化された生産量が、最適生産と呼ばれます。

利潤（利益）
↓
総収入（売上）　総費用
↓
利潤＝総収入−総費用

過去問トライアル	平成21年度　第13問（設問2）企業の利潤最大化条件
類題の状況	R04-Q15(2) H27-Q17 H26-Q18 H24-Q19 H16-Q16 H13-Q21

下記のように実線で表される総費用関数を持つ企業を考える。ここで、総収入線が太い実線 a で表されている。利潤の観点から最適な点はどれか。最も適切なものを下記の解答群から選べ。

これらの破線は直線αと平行（B点、D点で、それぞれの線が総費用関数に接する。）

72　LEC東京リーガルマインド　2025年版 出る順中小企業診断士 FOCUSテキスト＆WEB問題 経済学・経済政策

使い方 STEP 2 過去問に挑戦する

要点をつかんだら、すぐに「過去問トライアル」で基本的な過去問に取り組んでください。問題は初めての方でも取り組みやすいように、最も基本的な過去問をチョイスしています。

なお、解答は各テーマの最後に記載しています。

＋1 STEP　類題に挑戦する

「過去問トライアル」には、テーマに関連する他の「類題」が示されています。テーマを一通り学習したら、類題にチャレンジしましょう！

いつでもどこでもチャレンジできるように、問題と解説はWEBで公開されています。二次元コードをスマホで読み取れば、すぐにアクセスできます！

なお、令和5年度（R05-Q○○）の後に「(再)」とあるのは、12月に沖縄で実施された再試験の問題です。

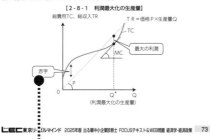

過去問に続いて、テーマに関連する理論や知識が、コンパクトに詰め込まれています。限られたスペースで多くの情報を伝えるために図や表を多く用いて構成されていますので、効率よくインプットすることができます。

〔解答群〕
ア A点　イ B点　ウ C点　エ D点

1 企業の総収入 (Total Revenue：TR)

企業の総収入TRは、価格Pと生産量Qの積によって算定されます。なお、総収入とは、企業にとって売上高を意味します。

> 総収入TR＝価格P×生産量Q

ここで重要なことは、価格Pを一定であるとしていることです。一般に（現実的には）、企業は価格を付け替えることができます。しかし、ここでは価格は市場全体の取引によって決定されるので、一定であるとしています。例えば、価格を100円や200円というように、市場で決定されてしまい、各企業がこの価格を付け替えることはできません。

このように市場価格は、市場全体の取引によって決定され、各企業はその市場価格を所与として行動するという仮定のことをプライステーカー（価格受容者）といいます。

2 企業の利潤最大化

企業の利潤πは、総収入－総費用で求められます。そのため、総収入－総費用が最大になるように生産量を決定すればよいのです。

この点について、図を用いて説明すると、総収入線TRと総費用曲線TCの乖離幅が最大になればよいということになります。

【2-8-1 利潤最大化の生産量】

この乖離幅が最大になるためには、総費用曲線TCの接線の傾きが市場〔...〕一致すればよいのです。

> 利潤最大化条件：価格P＝限界費用MC

〔...〕関係について、具体例を用いて直感的に説明します。

〔...1〕価格P＝100円　＞　限界費用MC＝80円
〔...生〕産量を1単位増加させると、総収入TRは100円上昇し、総費用TCは〔...〕円上昇します。

〔...〕つまり、差額の20円だけ利潤が増加しますので、まだ現状では利潤が増え〔...〕地があり、最大になっていません。

〔...2〕価格P＝80円　＜　限界費用MC＝100円
〔...生〕産量を1単位減少させると、総収入TRは80円低下し、総費用TCは〔...〕円低下します。

〔...〕つまり、差額の20円だけ利潤が増加しますので、まだ現状では利潤が増え〔...〕地があり、最大になっていません。

〔...3〕価格P＝100円　＝　限界費用MC＝100円
〔...生〕産量を1単位増加させると、総収入TRは100円上昇し、総費用TCも〔...〕円上昇します。

〔...〕つまり、利潤が増える余地がなく、この状態が最大となります。

〔...〕word
〔...〕生産
〔...〕産とは、企業が利潤を最大化した状態の生産を意味し、価格と限界費〔...〕によって実現します。

> 過去問 トライアル解答　**エ**

〔...ク問題〕
〔...〕争市場で取引を行う企業の場合、利潤最大化条件は、価格と平均可変〔...〕致となる。　⇒×
▶ 〔...格と限界費用の一致によって利潤が最大化される。〕

問題を解いた後だからこそ、知識の吸収も促進されることを実感するでしょう。過去問で実際に問われた知識と、その周辺の知識をあわせて理解するため、一般的なテキストと比べて知識の定着度が断然違います。

NEXT STEP 次のテーマに進む ▶

以上で、このテーマの学習が一通り終了いたしました。次のテーマの学習に進んでください！

購入者サポート 専用WEBページのご案内

『FOCUSテキスト＆WEB問題』は、WEBと連動した新しいテキストです。

専用WEBページを用意しており、「過去問トライアル解説」や「類題」の閲覧・演習をはじめとする様々なサポートのご利用が可能です。

 全テーマ詳細解説付きWEB問題【DL対応】

本書記載の「過去問トライアル」の解説の閲覧や、「類題」の演習をすることができます。本書ではテーマごとに「過去問トライアル」を要点・基礎知識とセットで用意（一部テーマはオリジナル問題でカバー）。WEBでは過去問の詳細解説を見ることができます。

さらに、「過去問トライアル」には類題の出題年・問題番号が表記されています。これらの問題と解答解説も公開しています。

これらはPDFでのご利用も可能ですので、通勤中や外出先での学習にお役立てください。

 テーマ別ポイント解説動画【無料視聴】

本書に収録されている全テーマのポイント解説動画を公開します。

LEC講師陣が「このテーマの要点」を中心に、本書を読み進めていくにあたってのポイント、注意点などを簡潔に解説し、「FOCUSテキスト＆WEB問題」での学習をサポートします。
※ご利用には、会員・Myページ登録が必要です。
※2024年8月下旬より順次公開予定です。

 応用編テキスト＋5年分の1次試験過去問【DL対応】

『FOCUSテキスト＆WEB問題』（経済学・経済政策）の応用編書籍を2点と、『令和2年度～令和6年度1次試験科目別 過去問題集』（経済学・経済政策）の合計3点をWEB上で無料提供します。PDFでのご利用も可能です。
※ご利用には、会員・Myページ登録が必要です。
※2024年12月下旬より順次公開予定です。

 令和6年度1次試験解説動画【無料視聴】

直近の本試験過去問を分析することは、試験対策として必須といえます。LECでは過去のデータや令和6年度本試験リサーチ結果を踏まえ、各科目の担当講師による重要問題を中心にした解説動画を配信します。
※令和6年度中小企業診断士1次試験終了2ヶ月後より配信開始予定です。

ご利用方法

サポート①：全テーマ詳細解説付きWEB問題【DL対応】
サポート②：テーマ別ポイント解説動画【無料視聴】
サポート③：応用編テキスト＋５年分の１次試験過去問【DL対応】

1 以下の二次元コードかURLから「経済学・経済政策 ログインページ」にアクセスしてください。

【経済学・経済政策】

URL：https://www.lec.jp/shindanshi/focus2025/keizai/

2 以下のID・PASSを入力して専用WEBページにログインし、案内に従ってご利用ください。

【経済学・経済政策】

ID：shindanE25

PASS：keizai

※②・③のご利用には会員・Myページ登録が必要です。

サポート④：令和６年度１次試験解説動画【無料視聴】

以下の二次元コードかURLから専用WEBページにアクセスし、「令和６年度１次科目別解説動画」をご視聴ください。

URL：https://www.lec-jp.com/shindanshi/book/member/

購入者サポート専用WEBページの
閲覧期限は **2025年11月23日**迄です。

| 目次 | # Contents |

はしがき
本書の効果的活用法
[購入者サポート]専用WEBページのご案内

ミクロ経済学

マクロ経済学

マクロ経済学の全体像 ……………………… 161

第6分野　財市場の均衡 ……………………… 163

ミクロ経済学

消費者行動理論

消費者行動理論

1 各テーマの関連

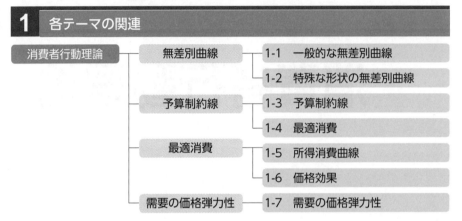

本章では、消費者行動理論について説明します。消費者については、１人の消費者（個別消費者）を前提にします。もちろん実際には、ある財やサービスの消費について多くの消費者が存在しますが、ここではその中で１人の消費者の行動に着目することにします。

また、消費者は、自己の効用を最大にするように財を消費すると仮定します。この効用とは、一般に満足感と呼ばれるものです。私たち消費者が財やサービスを購入するのは、究極的には効用すなわち満足感を得るためであると考えます。そして、この効用（満足感）を最大化することが、最適な消費になると考えます。

そこで、本章ではまずこの効用について、無差別曲線を用いて説明します。無差別曲線とは、２つの財が存在するという２財モデルの下で、ある消費者の効用（満足感）を表すものです。したがって、実際の消費を行う際には、この２財の組み合わせを考えることになります。さらに、ある消費者の消費を考える上で重要になるのが予算です。なぜなら、予算を超える消費はできないからです。その上で、無差別曲線と予算の制約を考えた上で、最適な消費を説明します。

さらに、他の条件を一定にしてある消費者の予算（所得）が変化した場合に、最適な消費はどのような影響を受けるのかを説明します。特に、所得消費曲線は過去にも出題されたことがあり重要です。図を理解しましょう。最適消費の最後のテーマとして、他の条件を一定にしてある財の価格が変化した場合に、最適な消費はど

のような影響を受けるのかについて説明します。こうした影響のことを価格効果といい、代替効果と所得効果に区分されます。この、代替効果と所得効果については過去に何度も出題されたことがあり重要ですから、しっかりと理解しましょう。最後に、消費に関連して需要の価格弾力性について説明します。

2 出題傾向の分析と対策

① **出題傾向**

#	テーマ	H26	H27	H28	H29	H30	R01	R02	R03	R04	R05
1-1	一般的な無差別曲線								1		
1-2	特殊な形状の無差別曲線		1		1		1	1			
1-3	予算制約線							1			
1-4	最適消費	2	1								
1-5	所得消費曲線										1
1-6	価格効果	1		2					1		
1-7	需要の価格弾力性				1	1				1	2

② **対策**

　消費者行動理論の場合、比較的出題範囲は偏っているといえます。すなわち、論点としては、無差別曲線の理解と価格効果すなわち代替効果と所得効果および需要の価格弾力性に集中しています。特に、需要の価格弾力性については、毎年のように出題される最重要論点ですから、しっかりと理解しましょう。

　受験生としては、まず無差別曲線の内容をしっかりと理解し、その上で、価格効果を理解してください。そして最後に、最重要論点である需要の価格弾力性について理解しましょう。

3 学習のポイント

- 無差別曲線：特殊な形状の無差別曲線を理解しましょう。
- 予算制約線：式と図の両方を理解しましょう。
- 最適消費：図をイメージできるようにしましょう。
- 所得の変化と最適消費：所得消費曲線について図を用いて理解しましょう。
- 価格の変化と最適消費：代替効果と所得効果を理解しましょう。
- 需要の価格弾力性：意義や計算、需要曲線との関係を理解しましょう。

1 無差別曲線
一般的な無差別曲線

学習事項 効用，無差別曲線，限界代替率

このテーマの要点

一般的な形状の無差別曲線を理解する！

消費者の最適消費について考えるにあたって、まず無差別曲線を理解する必要があります。私たち消費者は、効用を得るためにお金を払って財やサービスを消費します。ここで、最適消費というのは、効用（満足感）を最大にする消費を意味します。その最適な消費を考える上で、無差別曲線の理解は不可欠となります。無差別曲線は、2

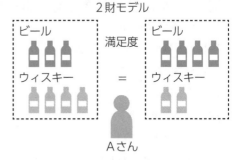

財モデルを前提にしている点に注意してください。2財モデルというのは、社会には2つの財しか存在しないという仮定を意味します。そのため、2財の消費の組み合わせが大切になるのです。

また、無差別曲線を理解したら、限界代替率についても説明します。

過去問 トライアル	平成13年度　第18問（改題）
	無差別曲線の性質
類題の状況	R03-Q15

ある消費者の x 財、y 財に関する無差別曲線群が図の u_1、u_2、u_3 のような形状をしているとする。これに関する記述として最も適切なものはどれか。

ただし、無差別曲線は左上に位置するほど効用水準が高いものとする。

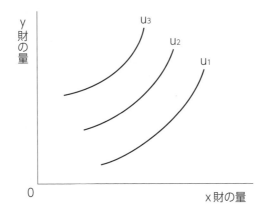

ア 同じ無差別曲線上でも、効用水準は異なる。

イ 消費者にとって、x財もy財も多い方が望ましい。

ウ x財は消費者に負の効用をもたらす。

エ y財は消費者の効用水準に影響しない。

1 無差別曲線の意義

　無差別曲線とは、ある消費者にとって等しい効用（U：Utility＝満足感）をもたらす2財の組み合わせを示す曲線です。効用とは、満足感を表しますが、特に測定尺度はありません。つまり、効用が100とか200といっても、この数値には特別な意味はなく、議論の便宜上、効用を数値で表しているのです。

　一般に、無差別曲線は、以下のような形状となります。

【1-1-1　無差別曲線の形状例】

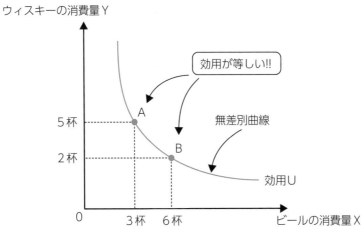

例えば、ビール３杯とウィスキー５杯の組み合わせ（点A）とビール６杯とウィスキー２杯の組み合わせ（点B）では、効用Uが等しいのです。

2 限界代替率ＭＲＳ（Marginal Rate of Substitution）

❶限界代替率ＭＲＳの定義

　限界（Marginal）とは、ある状態から１単位増やすことを意味します。この限界～という用語が出てきたら、「１つ増やす」ということをイメージしてください。また、図の上では、「接線の傾き」で示されます。

　限界代替率ＭＲＳとは、ある状態からX財の消費量を１つ増やしたときに、効用を一定に維持するために、どれくらいY財の消費量を減らさなければならないかを表す概念です。

Example

　X財を１つ増やして、Y財を２つ減らせば、効用は一定になります。

（ケース１）ビール３杯　ウィスキー４杯　　効用＝100
（ケース２）ビール４杯　ウィスキー２杯　　効用＝100

消費者

$$限界代替率ＭＲＳ＝-\frac{Y財の増加分}{X財の増加分}＝-\frac{\Delta Y}{\Delta X}＝-\frac{-2}{1}＝2$$

　つまり、限界代替率ＭＲＳは、２財の交換比率を表します。それは、無差別曲線上の１点における接線の傾きを表します。ここで、Δはデルタと読み、変化分を表します。

【1-1-2　限界代替率ＭＲＳ】

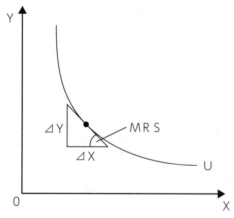

② 限界代替率逓減の法則

　限界代替率ＭＲＳは、Ｘ財の消費量が増加すると徐々に低下していきます。こうした性質を、限界代替率ＭＲＳ逓減の法則といいます。点Ａにおける限界代替率ＭＲＳＡよりも点Ｂにおける限界代替率ＭＲＳＢの方が小さい値となるのです。

【1 - 1 - 3　限界代替率ＭＲＳ逓減の法則】

Y

X ↑ ⇒ ＭＲＳ ↓

A

ＭＲＳＡ

B

ＭＲＳＢ

U

0

X

♂ Keyword

▶　限界（Marginal）

　限界とは、ほんのわずかに変化するという状況を考えます。具体的には、ある状態から１単位変化した状況を想定します。

過去問　トライアル解答　**ウ**

☑チェック問題

　無差別曲線上の点は、どの点においても効用は等しい。　　　　　　　　⇒○

---

2 無差別曲線
特殊な形状の無差別曲線

学 習 事 項 代替財，補完財

このテーマの要点

特殊な形状の無差別曲線を理解する！

　無差別曲線は、一般的な形状だけでなく特殊な形状を
したものもあります。ここでは、特殊な形状をした無差
別曲線とは、どのようなものかを説明します。本試験で
は、一般的な形状よりも特殊な形状の方が出題されやす
いので、しっかりと理解しましょう。

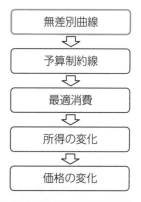

過去問 トライアル	令和元年度　第12問
	特殊な形状の無差別曲線
類題の状況	R02-Q14　H29-Q12　H27-Q12　H24-Q16　H23-Q16

　Aさんは、夕食時にビールと焼酎を飲むことにしている。Aさんの効用水準を一
定とした場合、ビールを1杯余分に飲むことと引き換えに減らしてもよいと考える
焼酎の数量が、徐々に減ることを描いた無差別曲線として、最も適切なものはどれ
か。

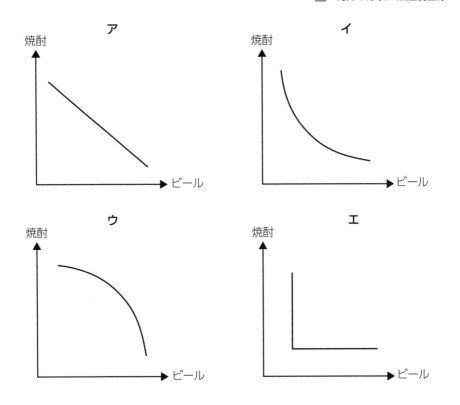

1 完全代替財（右下がりの直線）⇒２財の交換比率が常に一定‼

　右下がりの直線となる無差別曲線とは、消費者にとって２財がまったく同じ性質であるとみなされる財の組み合わせで考えるケースとなります。例えば、お金（100円玉と10円玉）や角砂糖と棒砂糖などが該当します。

　ここでは、100円玉と10円玉で説明します。例えば、ある状態から100円玉が１枚増えたとします。このとき、その代わりといったら変かもしれませんが10円玉が10枚減ったら、効用は変わりません。

　こうしたケースでは、限界代替率ＭＲＳ＝10となります。しかも、お金の場合、限界代替率ＭＲＳは10で一定になります。この限界代替率ＭＲＳは、無差別曲線の傾きでしたから、結局、無差別曲線の傾きが10で一定になります。

　以上より、無差別曲線は直線になります。

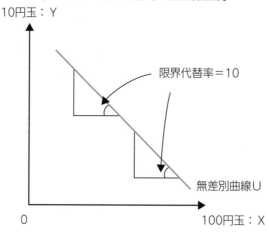

【1-2-1　完全代替財の無差別曲線】

10円玉：Y

限界代替率＝10

無差別曲線U

0　　　　　　　　　　　　　　　100円玉：X

2　限界代替率逓増（原点に対して凹型）

無差別曲線が、原点に対して凹となる形状の場合、限界代替率は逓増します。

【1-2-2　原点に対して凹型の無差別曲線】

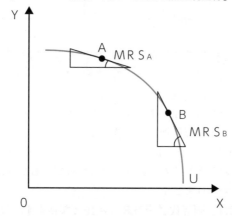

Y

A　MRS_A

B

MRS_B

U

0　　　　　　　　　　　　　X

3　完全補完財（L字型）⇒2財を1組で消費!!

　2財が完全補完財の関係になると、無差別曲線がL字型になります。L字型となる無差別曲線としては、手袋（右と左）のケースやボルトとナットなどのケースが挙げられます。

【1-2-3 手袋の無差別曲線】

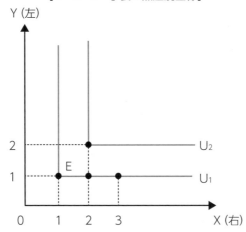

（左，右）＝（1，1）、（1，2）、（1，3）⇒ すべて効用は等しい。

例えば、上記の例のように、手袋の左が1つで右だけが1から2さらには3へと増えても嬉しくありません。すなわち、すべて効用は等しいので同じ無差別曲線上にあります。

4 右上がりの無差別曲線

どちらかの財が空き缶のようなゴミの場合、無差別曲線は右上がりになります。

【1-2-4 空き缶と缶コーヒーの無差別曲線】

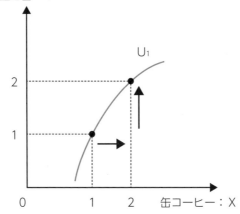

（缶コーヒー，空き缶）＝（1，1）⇒効用＝U_1
（缶コーヒー，空き缶）＝（2，2）⇒効用＝U_1

缶コーヒーが1から2に増えると効用が高まりますが、空き缶が1から2に増えると効用が下がるので、結局効用は不変となります。

過去問 トライアル解答 ▶ **イ**

☑チェック問題

　2財モデルにおいて、2財が完全補完財である場合、無差別曲線は右下がりの直線となる。　　　　　　　　　　　　　　　　　　　　　　⇒×

▶ 完全補完財の場合、無差別曲線はL字型になる。右下がりの直線になるのは、2財が完全代替財の関係の場合である。

3 予算制約線
予算制約線

学 習 事 項　予算制約線

このテーマの要点

予算の制約について理解する！

消費者の最適消費について考えるにあたって、予算制約線を理解する必要があります。ある消費者が財やサービスの消費を行う際に、予算が制約になるからです。予算を超えた消費は不可能なのです。そこで、この予算制約線について、式と図の両方で説明することにします。

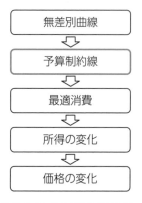

過去問 トライアル	令和2年度　第13問
	予算制約線
類題の状況	－

家計においては、効用を最大化するために、予算制約を考えることが重要となる。この家計は、X財とY財の2財を消費しているものとする。

下図に関する記述として、最も適切なものを下記の解答群から選べ。

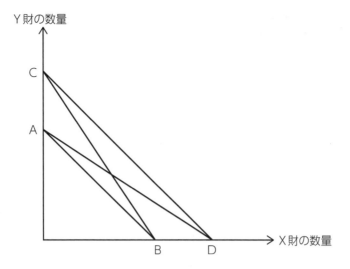

〔解答群〕

ア 予算線ABは、この家計の所得とY財の価格を一定としてX財の価格が下落すると、ADへと移動する。

イ 予算線ABは、この家計の所得を一定としてX財とY財の価格が同じ率で上昇すると、CDへと平行移動する。

ウ 予算線CDは、この家計の所得が増加すると、ABに平行移動する。

エ 予算線CDは、この家計の所得とX財の価格を一定としてY財の価格が上昇すると、CBへと移動する。

　予算制約線とは、ある消費者にとって予算（＝所得M：Money）の制約を表す線です。また、合理的な個人は予算（所得）をすべて使い切るので、予算額と消費額は一致します。したがって、予算の制約を式で表すと以下のようになります。

【ある消費者の予算制約線】
（例：所得M＝5,000円、ビールの価格P_X＝400円、ウィスキーの価格P_Y＝600円）
所得M＝ビールの価格P_X・ビールの消費量X＋ウィスキーの価格P_Y・ウィスキーの消費量Y
5,000円＝400円×5杯＋600円×5杯

　これが、ある消費者の予算制約線です。また、図では縦軸にYをとるので、Y＝〜に変形すると以下のようになります。

$$M = P_X \cdot X + P_Y \cdot Y \quad \rightarrow \quad Y = -\frac{P_X}{P_Y}X + \frac{M}{P_Y} \quad （傾き：2財の価格比\frac{P_X}{P_Y}）$$

【1-3-1　予算制約線】

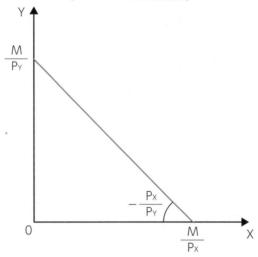

　上図のように、予算制約線の傾きは、2財の価格比$\dfrac{P_X}{P_Y}$を表します。

2 予算の変化と予算制約線のシフト

ある消費者にとって、他の条件を一定にして予算（所得、所持金）が増えると、予算制約線は右上方に平行シフトします。予算が変化しても、価格は変わりません。もちろん価格比も変わりません。そのため、予算制約線の傾きは変わらないのです。

【1-3-2　予算制約線のシフト】

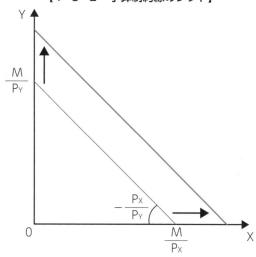

上図のように、例えば予算Mが増加した場合、予算制約線の両軸の切片が大きくなるので、平行に上方シフトします。

♂ Keyword

▶ 予算制約線
　予算制約線とは、ある消費者における予算の制約を表す線です。

過去問 トライアル解答　

☑チェック問題

　予算制約線の傾きは、2財の価格比を表す。　　　　　　　　　　　⇒○

予算制約線
4 最適消費

学習事項 無差別曲線，最適消費

このテーマの要点

ある消費者の最適消費の決定条件を理解する！

今までの項目で無差別曲線と予算制約線を説明しました。そこで、この２つの線を用いて最適消費について説明します。

最適消費というのは、一定の予算制約の下で、効用を最大化する消費を意味します。私たち消費者は、自己の効用を最大化するように消費を行うという前提で議論が進められます。

そこで、ここでは、どのような基準で２財を消費すれば効用が最大になるのかを説明します。効用が最大化されたこの状態を「最適消費」といいます。

```
┌──────────────┐
│   無差別曲線   │
└──────────────┘
        ⇩
┌──────────────┐
│   予算制約線   │
└──────────────┘
        ⇩
┌──────────────┐
│    最適消費    │
└──────────────┘
        ⇩
┌──────────────┐
│   所得の変化   │
└──────────────┘
        ⇩
┌──────────────┐
│   価格の変化   │
└──────────────┘
```

過去問 トライアル	平成26年度　第15問
	最適消費
類題の状況	H27-Q14　H26-Q16　H21-Q20

下図には、予算制約線Aと予算制約線Bおよび、これらの予算制約線上にあるa、b、c、d、eという５つの点が描かれている。ある合理的な消費者にとって最も高い効用をもたらすのは、予算制約線A上ならば点cであり、予算制約線B上ならば点dであることがわかっている。この図の説明として最も適切なものを下記の解答群から選べ。

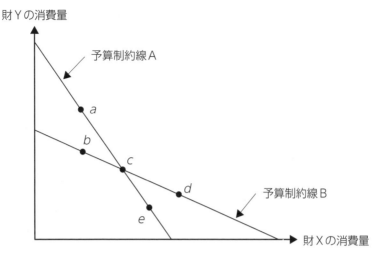

〔解答群〕

ア 図中に点cより効用が高い点はない。

イ 図中で点cより効用が高い点は、点aと点eである。

ウ 図中で点dより効用が高い点は、点cである。

エ 図中に点dより効用が高い点はない。

1 無差別曲線の特徴について

　無差別曲線は、右上にあるほど高い効用を表します。なぜなら、無差別曲線が右上に移動するということは、それだけ2財の消費量が徐々に増加するからです。例えば、次ページの図においては、以下の関係が成立します。

効用U_1＜効用U_2＜効用U_3

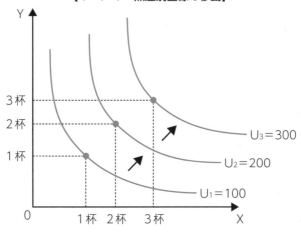

【1-4-1　無差別曲線の移動】

2　最適消費について

　最適消費とは、一定の予算の下で最も効用を高める2財の消費量の組み合わせを意味します。

　図の点 a でも点 b でも予算制約線上にあるので消費可能ですが、これではU_1の効用しか得られません。ここで、点 E であれば効用がU_2となり、効用はU_1よりも高くなります。また、無差別曲線がU_3となれば、予算を超えてしまい消費できません。

　したがって、ある消費者にとっての効用最大化は無差別曲線と予算制約線が接する点で実現します。2つの線の接点において、2財の消費を決定するのです。

【1-4-2　無差別曲線と予算制約線の関連】

【1‐4‐3 最適消費】

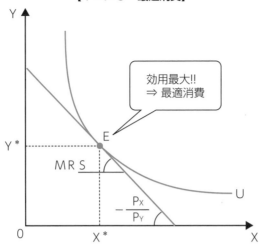

効用最大化条件：限界代替率MRS＝2財の価格比

⚷ Keyword

▶ 消費の不飽和の仮定

　消費の不飽和の仮定とは、いくらでも消費することができるという仮定です。消費について、飽和しません。例えば、ビールやウィスキーを何杯でも飲むことができ、これ以上飲めないといった状況にはならない、ということを意味します。そのため、単純に消費量が増加すればするほど効用が高まります。つまり、無差別曲線が右上方に位置するほど効用が高くなります。

過去問 トライアル解答

☑チェック問題

　最適消費の決定条件は、限界代替率と2財の価格比が一致することである。

⇒○

最適消費
所得消費曲線

学 習 事 項 上級財，下級財

このテーマの要点

所得が変化すると消費はどのように影響を受けるか！

ここでは、財の価格などの他の条件を一定にして所得が変化すると、最適消費がどのように変化するかを考えます。このとき、消費者を３タイプに分類することができます。また、所得が変化すると、予算制約線が平行シフトすることを確認しておいてください。

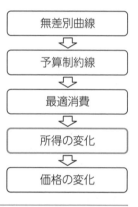

過去問 トライアル	平成15年度　第16問
	所得消費曲線
類題の状況	R05-Q13(再)

下図は、２財モデルにおけるある消費者の予算線ＡＢと、それに点Ｅで接している無差別曲線である。ここで、第１財の消費量をx_1、第２財のそれをx_2とする。この場合、価格が変わらないものとして、所得がY_1、Y_2と増加したときの予算線と無差別曲線との接点を、それぞれE_1、E_2とする。

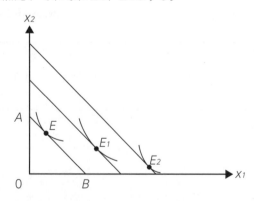

この図から、第1財が ① であり、第2財が ② であるといえる。
空欄①、②に当てはまる組み合わせとして、最も適切なものはどれか。

ア ①：下級財　　　②：ギッフェン財
イ ①：下級財　　　②：上級財
ウ ①：ギッフェン財　②：下級財
エ ①：上級財　　　②：下級財

1 財の分類

財（・サービス）は、所得の変化との関連によって上級財と下級財に区分されます。

❶上級財（例：牛肉）

所得が増加（減少）すると消費量も増加（減少）する財です。ほとんどの財は、上級財に属します。一般的には「好き」な商品をイメージしてください。

❷下級財（例：豚肉）

所得が増加（減少）すると消費量は減少（増加）する財です。一般的には「飽きている」商品をイメージしてください。

なお、2財が同時に上級財になることはありますが、2財が同時に下級財になることはありません。なぜなら、仮に2財が同時に下級財になると、所得が増加すると2財の消費が同時に減少してしまい、所得が余ってしまうからです。所得が余ってしまえば、最適な消費にはなりません。

2 所得消費曲線の意義

所得（M）が変化すると、最適な消費量の組み合わせ（X,Y）はどのように変わるでしょうか？　以下では、所得M（予算）がM_1からM_2へと増加したケースを説明します。

❶両方が同じように好きな人（両方が上級財）

次ページの図のように、所得がM_1の場合には、最適消費はE_1となっています。ここで、所得がM_2へと増加すると、最適消費はE_2となっています。このとき、両方の財の消費が増えています。つまり、この消費者にとって、2財はともに上級財となります。このとき、所得消費曲線は右上がりとなります。

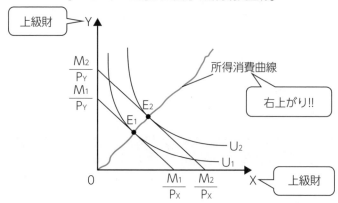

【1-5-1　2財が上級財の所得消費曲線】

② **Yが相対的に好きな人（Xが下級財、Yが上級財）**

　所得がM_1の場合には、最適消費はE_1となっています。ここで、所得がM_2へと増加すると、最適消費はE_2となっています。このとき、X財の消費が減少し、Y財の消費は増加しています。つまり、この消費者にとって、X財は下級財、Y財は上級財となります。このとき、所得消費曲線は急な右下がりとなります。

【1-5-2　Xが下級財、Yが上級財の所得消費曲線】

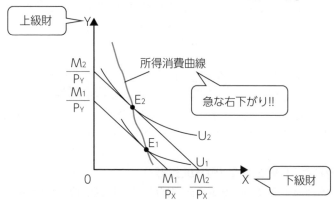

③ **Xが相対的に好きな人（Xが上級財、Yが下級財）**

　所得がM_1の場合には、最適消費はE_1となっています。ここで、所得がM_2へと増加すると、最適消費はE_2となっています。このとき、X財の消費が増加し、Y財の消費は減少しています。つまり、この消費者にとって、X財は上級財、Y財は下級財となります。このとき、所得消費曲線は緩やかな右下がりとなります。

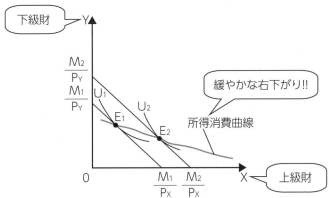

【1-5-3 Xが上級財、Yが下級財の所得消費曲線】

Keyword

▶ **上級財**

　上級財とは、例えば牛肉などのように、所得が増加（減少）すると消費量も増加（減少）する財を意味します。もちろん、こうした消費の変化については、個人差がありますが、一般に、牛肉は上級財として捉えてよいでしょう。また、多くの財やサービスは、所得が増加すれば消費量も増加します。したがって、この上級財のことを「正常財」ということもあります。つまり、上級財は、所得の増減変化と消費量の増減変化が一致します。

▶ **下級財**

　下級財とは、例えば豚肉などのように、所得が増加（減少）すると減少（増加）する財を意味します。所得が増加すれば、普段から食べ飽きている豚肉の消費は、避けられてしまうと考えられます。もちろん、こうした消費の変化については、個人差がありますが、一般に、豚肉は下級財として捉えてよいでしょう。また、下級財のことを「劣等財」ということもあります。つまり、下級財は、所得の増減変化と消費量の増減変化が反対になります。

過去問 トライアル解答　**エ**

☑チェック問題

所得消費曲線が右上がりである場合、どちらかの財が下級財である。　⇒×
▶ 所得消費曲線が右上がりである場合、2財が上級財である。

6 最適消費 価格効果

学習事項 ギッフェン財，価格効果，代替効果，所得効果

このテーマの要点

ギッフェン財を理解する！

ここでは、他の条件を一定にしてX財の価格が変化した場合、最適な消費量がどのように変化するかを考えます。

2財モデルの場合、X財の価格とY財の価格の2つが存在します。しかし、ここでは、Y財の価格や所得は一定にして、X財の価格の変化が、2財の消費にどのような影響を与えるかを説明します。特に、ギッフェン財は重要ですから、しっかりと理解しましょう。

無差別曲線
⇩
予算制約線
⇩
最適消費
⇩
所得の変化
⇩
価格の変化

過去問 トライアル	平成28年度　第15問
	消費者行動理論
類題の状況	R03-Q16　H28-Q16　H26-Q16　H24-Q17　H23-Q19 H15-Q15　H13-Q19

ある個人が限られた所得を有しており、財X_1と財X_2を購入することができる。下図には、同一の所得にもとづいて、実線の予算制約線Aと破線の予算制約線Bとが描かれている。また、予算制約線Aと点Eで接する無差別曲線と、予算制約線Bと点Fで接する無差別曲線も描かれている。下図に関する記述として、最も適切なものを下記の解答群から選べ。

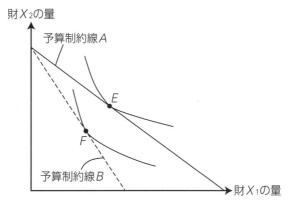

〔解答群〕

ア 等しい所得の下で予算制約線が描かれているので、点Eと点Fから得られる効用水準は等しい。

イ 予算制約線Aと予算制約線Bを比較すると、予算制約線Bの方が、財X_2の価格が高いことを示している。

ウ 予算制約線Aと予算制約線Bを比較すると、予算制約線Bの方が、実質所得が高いことを示している。

エ 予算制約線Aと予算制約線Bを比較すると、両財の相対価格が異なることが示されている。

1 消費者行動理論

1 価格効果の意義

　他の条件を一定にして、ある財の価格が変化すると、最適な消費の組み合わせも変化します。これを、価格効果といいます。また、この価格効果は代替効果と所得効果に分けられます。

> 価格効果＝代替効果＋所得効果

2 価格効果の具体的説明

　上述のように、価格効果とは、他の条件を一定にしてX財の価格が変化し、Y財の価格や所得が不変である場合、2財の消費量がどのように変化するかを意味します。

> ・代替効果：相対価格（＝価格比）の変化が消費に与える影響を意味します。
> ・所得効果：実質所得（※）の変化が消費に与える影響を意味します。

（※）実質所得の説明

・月給（所得）＝15万円

⇒ カップラーメン150円 ⇒ 1,000個買うことができます。

・月給（所得）＝15万円

⇒ カップラーメン100円 ⇒ 1,500個買うことができます。

つまり、月給＝名目上の所得が変わらなくても、物価が安くなると、多く買うことができるので実質的には所得が増加します。名目所得は〜円で表示し、実質所得は数量で表示します。

$$実質所得＝\frac{名目所得}{物価}$$

❶ 2財が上級財（好き）のケース

① 代替効果

代替効果は、損得勘定で考えるとよいでしょう。この代替効果すなわち損得勘定には、個人差はありません。ここで、他の条件を一定にしてX財の価格が下がると、X財がY財と比べて相対的にとても安く、Y財が相対的にとても高く感じられます。したがって、X財の消費量を増加させ、Y財の消費量を減少させようとします。

② 所得効果

所得効果は、損得勘定を抜きにして、好きなものを消費するという視点で考えてみるとよいでしょう。どちらの財が好きかは、個人差があります。ここでX財の価格の下落によって、全体の消費量が増加するため、実質的には所得が増加したことと同様の効果があります。ここでX、Y財がともに上級財であるならば、実質所得の増加に伴い、消費量が増加します。

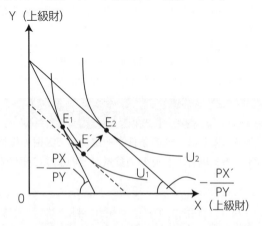

② X財が通常の下級財（飽きている）、Y財が上級財（好き）のケース

① 代替効果

代替効果は、個人差がなくケース①と一緒で、X財の消費量を増加させ、Y財の消費量を減少させようとします。

② 所得効果

所得効果は、個人差があります。ここで、X財が下級財であるならば、実質所得の増加に伴い、X財の消費量が減少します。一方、Y財は上級財ですからY財の消費量は増加します。

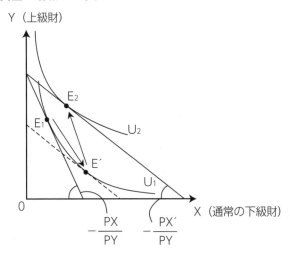

ここで、一般に代替効果（損得勘定）の方が所得効果（好みの問題）を上回ります。したがって、結果として、X財の消費量が増加するのです。

③ X財がギッフェン財（特殊な下級財）、Y財が上級財（好き）のケース

いま、ケース②と同様にX財を下級財であるとします。ここで、代替効果（損得勘定）を所得効果（好みの問題）が上回ると、X財の消費量は減少してしまいます。代替効果でX財の消費量は増加しますが、所得効果でX財の消費量が減少し、所得効果の方が代替効果よりも強いのですから、結果として、X財の消費量が減少します。これが、ギッフェン財と呼ばれるケースです。

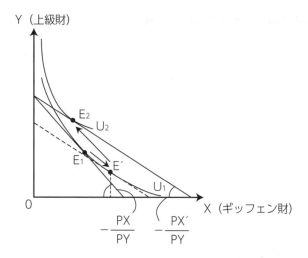

Y（上級財）

E₂
U₂
E₁
E′
U₁
0
X（ギッフェン財）

$-\dfrac{PX}{PY}$ $-\dfrac{PX'}{PY}$

⚲ Keyword

▶ ギッフェン財

　ギッフェン財とは、特殊な下級財を意味します。つまり、下級財の中で、代替効果が所得効果を下回る財を意味します。

過去問　トライアル解答　▶　エ

☑チェック問題

　ギッフェン財は上級財であり、代替効果に伴う消費の増加分が所得効果に伴う消費の減少分を上回る。なお、当該財の価格が低下した場合を想定する。　⇒×

▶　ギッフェン財は下級財であり、代替効果に伴う消費の増加分が所得効果に伴う消費の減少分を下回る。

7 需要の価格弾力性
需要の価格弾力性

学 習 事 項 需要の価格弾力性

このテーマの要点

価格が安くなるとどれくらいお客が増えるか！

ここでは、需要の価格弾力性を説明します。需要の価格弾力性とは、価格が変化した場合に需要量が何％変化するかを意味するものです。現実の経済でも、デパートなどで、ある商品の価格を下げるとどれくらい需要量が増加するかは重要な意味を持つことがあります。受験上でも、最も重要な論点であるので、しっかりと理解しましょう。

```
無差別曲線
  ⇩
予算制約線
  ⇩
最適消費
  ⇩
所得の変化
  ⇩
価格の変化
```

過去問 トライアル	平成13年度　第14問
	需要の価格弾力性
類題の状況	R05-Q12　R05-Q12(再)　R04-Q14　H30-Q12　H29-Q13 H25-Q15　H23-Q12　H19-Q12　H16-Q15　H15-Q18 H14-Q14

ある財の市場の需要曲線が右下がりの直線として与えられているとき、この財の需要の価格弾力性に関する記述として最も適切なものはどれか。

ア　需要曲線上のすべての点において弾力性は一定である。

イ　需要曲線上を右に移動するにつれ、弾力性は大きくなる。

ウ　需要曲線上を右に移動するにつれ、弾力性は小さくなる。

エ　需要曲線上を右に移動するにつれ、弾力性はまず大きくなり、やがて小さくなる。

1 需要の価格弾力性の意義

弾力性（elasticity）とは、反応度を意味します。そして価格が1％変化した場合に、需要量が何％変化するかを需要の価格弾力性E_d（Price elasticity of demand）といいます。つまり、価格が変化した場合、どの程度需要量が変化するかを意味します。

2 需要の価格弾力性の計算

❶変化率の計算

以下で、需要の価格弾力性の計算を説明します。例えば、ある財の価格が100円であり、その財の価格が105円に上昇したとします。このとき、この財の価格の変化率は、以下のように計算されます。

$$価格の変化率 = \frac{\Delta P}{P} = \frac{5\,円}{100\,円} = 0.05（5％上昇）$$

このように、変化分ΔPを変化前の数値Pで除すことによって変化率が求まります。

❷需要の価格弾力性の計算

$$需要の価格弾力性\,E_d = -\frac{需要量の変化率}{価格の変化率} = -\frac{\dfrac{\Delta D}{D}}{\dfrac{\Delta P}{P}}$$

例えば、価格が1％下落した場合に、需要量も同じ1％増加した場合には、需要の価格弾力性は1になります。

$$需要の価格弾力性\,E_d = -\frac{1％}{-1％} = 1$$

3 需要曲線と需要の価格弾力性の関係

いま、ある財の需要曲線Dが、一般的な右下がりであるものとします。ここで、この需要曲線上の点Eにおける需要の価格弾力性は、以下の計算式で求められます。

$$点Eにおける需要の価格弾力性\,E_d = \frac{AB}{OA}$$

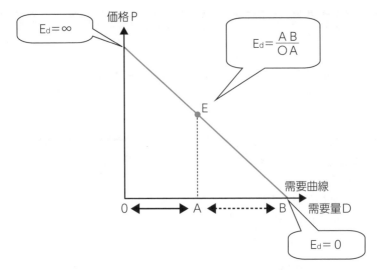

（縦軸切片）ＯＡの長さが限りなくゼロに近い！！

（横軸切片）ＡＢの長さがゼロ！！

ここで、例えば、需要曲線の縦軸切片では、ＯＡの長さがほとんどゼロに等しくなりますので、需要の価格弾力性$E_d = \dfrac{AB}{OA} = $無限大となります。

一方、需要曲線の横軸切片ではＡＢの長さがゼロになりますので、需要の価格弾力性$E_d = \dfrac{AB}{OA} = 0$（ゼロ）となります。

このように、需要曲線上を右に移動すると、需要の価格弾力性は小さくなります。また、仮に点Eが需要曲線上の中点ならば、需要の価格弾力性$E_d = \dfrac{AB}{OA} = 1$となります。

♂ Keyword

▶　需要の価格弾力性

　需要の価格弾力性とは、価格の変化率に対する需要量の変化率の比率を意味します。

過去問 トライアル解答 　▶　**ウ**

1

消費者行動理論

☑チェック問題

　需要曲線が右下がりの直線である場合、需要曲線上を左上に移動すると、需要の価格弾力性は小さくなる。　　　　　　　　　　　　　　　　⇒×

▶　需要曲線が右下がりの直線である場合、需要曲線上を左上に移動すると、需要の価格弾力性は大きくなる。

MEMO

生産者行動理論

生産者行動理論

1 各テーマの関連

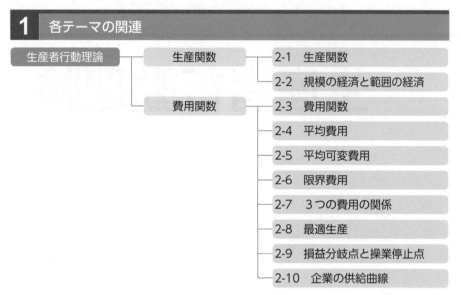

本章では、生産者行動理論について説明します。また、ここでは、1つの生産者（企業）の行動について分析します。もちろんある財やサービスの生産（供給）は、一般に多くの企業で行われていますが、ここではその中で1社の行動に着目します。

また、この生産者行動理論を理解する上で注意しなければならないことは、「生産関数」と「費用関数」という2つの関数が存在するということです。この2つを混同することなく、明確に分けて理解していく必要があります。

その上で、企業の利潤最大化について考えます。企業は、利潤（もうけ）を最大化するように行動するという前提に基づき、どのように生産量を決定すれば利潤が最大になるのかを理解します。企業というのは、究極的には利潤を最大にするように生産量を決定すると考えます。この利潤が最大になった場合の生産量が最適生産と呼ばれます。

さらに、損益分岐点と操業停止点について説明します。損益分岐点とは、企業にとって、赤字と黒字の分かれ目になる点です。また操業停止点は、操業を継続するか停止するかの分かれ目になる点です。この操業停止点を理解した上で、最終的に

企業の供給曲線を導出します。

① 出題傾向

#	テーマ	H26	H27	H28	H29	H30	R01	R02	R03	R04	R05
2-1	生産関数	2	1	2			2	1			1
2-2	規模の経済と範囲の経済										
2-3	費用関数				1						
2-4	平均費用										
2-5	平均可変費用										
2-6	限界費用										1
2-7	3つの費用の関係				1	1				1	
2-8	最適生産	1	1							1	
2-9	損益分岐点と操業停止点		1				1				
2-10	企業の供給曲線										

② 対策

　生産者行動理論の場合、利潤最大化に関する出題が多いです。利潤最大化を検討する際、生産関数や費用関数の構造について理解することが必要です。生産関数については、労働や資本といった生産要素と生産量との関係の特徴をグラフを通じて押さえるとともに、限界生産力といった概念についても押さえておきましょう。また、費用関数については総費用の構造とともに総費用から導かれる平均費用、限界費用、平均可変費用といった概念についてグラフを描いて理解しましょう。さらに、利潤最大化条件を表す関係式は、成立する理由も含めてしっかり学習しておきましょう。

3　学習のポイント

- 生産関数：労働の限界生産力逓減の法則を理解しましょう。
- 費用関数：変動費と固定費を理解しましょう。
- 平均費用：平均費用の意味を図の上で把握しましょう。
- 平均可変費用：平均可変費用の意味を図の上で把握しましょう。
- 限界費用：限界費用の意味を図の上で把握しましょう。
- 3つの費用の関係：全体としての図を覚えておきましょう。

・最適生産：図をイメージし、利潤最大化条件を覚えておきましょう。
・損益分岐点と操業停止点：図をイメージし、内容を詳しく理解しましょう。
・企業の供給曲線：右上がりになることを覚えておきましょう。

1 生産関数
生産関数

学習事項 資本, 生産関数, 労働の限界生産力

このテーマの要点

労働投入量と生産量の関係を理解しよう！！

ここでは、生産要素投入量と生産量の関係を説明します。生産要素は、労働（ヒト）と資本（カネ）があります。ここで重要になるのは、労働です。なぜなら、資本は少なくとも短期的には増減させることができず、増減させることができるのは、労働であると考えるからです。そこで、ここでは労働投入と生産量の関係について説明します。特に、労働の限界生産力という概念は、重要ですからしっかりと理解しましょう。

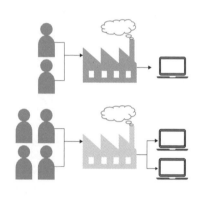

過去問 トライアル	令和2年度　第16問
	労働需要曲線
類題の状況	R05-Q17(再)　R01-Q14　R01-Q20　H28-Q20　H28-Q21 H27-Q16　H26-Q13(1)(2)　H24-Q18　H21-Q13(1)　H13-Q20

　下図は、資本量を一定とした場合の労働量と生産量の関係を示した総生産物曲線である。また、労働量と労働の限界生産物との関係は、労働需要曲線として描くことができる。

　総生産物曲線上の点A、点B、点Cと対応関係にある労働需要曲線として、最も適切なものを下記の解答群から選べ。

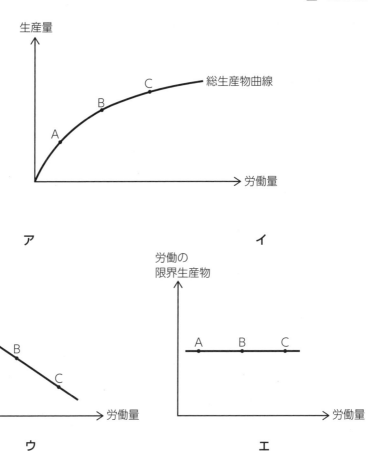

〔解答群〕

ア

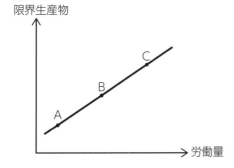

イ

ウ

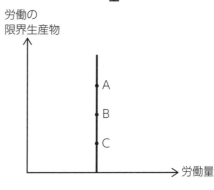

エ

　企業は労働Ｌ（Labor）と資本Ｋ（Kapital）を用いて生産を行います。生産関数とは、労働や資本の投入量と生産量との関係を表すものです。

　以下では資本設備Ｋを一定として、労働と生産量の関係を中心に考えます。

　一般に、労働Ｌが増加すると生産量Ｑも増加します。したがって、生産関数は右上がりで描かれます。また、Ａ点以降では、労働Ｌを１単位増やすことによる生産量Ｑの増加分は逓減していきます。これを、労働の限界生産力逓減の法則といいます。

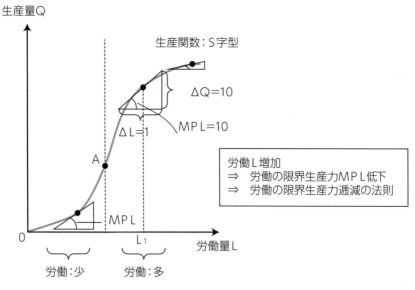

3 労働の限界生産力（＝生産効率）

労働の限界生産力ＭＰＬ（Marginal Products of Labor）とは、労働を1単位（1時間）増やしたときに、それに伴って生産量がどれくらい増加するかを表します。この労働の限界生産力ＭＰＬは、グラフ上では、生産関数の接線の傾きで示されます。

例えば、労働時間が1時間増えたことによって、生産量が10個増えたとします。このとき、労働の限界生産力ＭＰＬは、以下のように算定されます。

$$\text{労働の限界生産力ＭＰＬ} = \frac{\text{生産量の増加分} \triangle Q}{\text{労働の増加分} \triangle L} = \frac{10}{1}$$

この労働の限界生産力ＭＰＬは、上述のようにＡ点以降すなわち労働が多い状況では、労働が増加すると徐々に低下していきます（労働の限界生産力逓減の法則）。

⚷ Keyword

▶ 労働の限界生産力ＭＰＬ

労働の限界生産力ＭＰＬとは、ある状態から労働量を1単位増やしたときに、生産量が何単位増加するかを表します。生産効率という言葉と同じ意味で捉えてよいでしょう。

過去問 トライアル解答　ア

☑チェック問題

生産関数1および生産関数2の限界生産物は逓増している。　⇒×

▶ 限界生産物は、生産関数の接線の傾きで示される。このとき、生産要素の投入量が増加すると接線の傾きが小さくなるので、どちらの生産関数においても限界生産物は逓減する。

生産関数
規模の経済と範囲の経済

学 習 事 項　規模の経済，範囲の経済

このテーマの要点

大量に生産すると低コストとなる！

　ここでは、規模の経済と範囲の経済という用語の意味を説明します。

　規模の経済とは、大量に生産すると単位当たりのコストが下がることを意味し、スケールメリットとも呼ばれます。一方、範囲の経済とは、事業範囲（あるいは取り扱う製品種類の数）を広げることによって、総費用を安くさせることができるということを意味します。別々の企業で別々の製品を生産するよりも、1社でまとめて生産する方が安く生産できます。その原因としては、まとめて生産すると、シナジー効果（相乗効果）が働くことが考えられます。

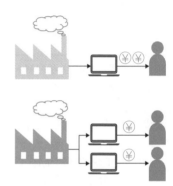

過去問 トライアル	平成18年度　第11問
	規模の経済と範囲の経済
類題の状況	H17-Q11　H17-Q13

　ある企業が製品Xと製品Yを生産している。経営者は、それぞれの製品の生産量に応じてかかるコストCを次のように把握している。ここで、C（i，j）であれば、製品Xをi個、製品Yをj個、生産するコストを示す。規模と範囲の経済性に関し、最も適切なものを下記の解答群から選べ。

C （　0，100）＝100
C （　0，200）＝220
C （ 50，　0）＝150
C （100，　0）＝310
C （ 50，100）＝240
C （100，200）＝520

〔解答群〕

ア 規模の経済性は働いていないが、範囲の経済性は働いている。

イ 規模の経済性は働いているが、範囲の経済性は働いていない。

ウ 規模の経済性も範囲の経済性のどちらも働いていない。

エ 規模の経済性も範囲の経済性のどちらも働いている。

1 規模の経済（スケールメリット）とは

　規模の経済とは、大量生産低コストを意味します。少ない量の生産を行うよりも、大量に生産する方が、生産1単位当たりのコスト（平均費用）が低いということを意味します。

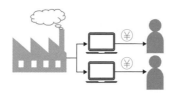

　ここで、過去問の解説を行います。

$$C\ (\ 0,\ 100) = 100$$
$$C\ (\ 0,\ 200) = 220$$

2.2倍

　製品Yの生産を100単位から200単位へと2倍に増加すると、コストが100から220へと2.2倍に増加しています。つまり、製品Yを大量に生産しても、生産1単位当たりのコストは増えてしまっています。したがって、規模の経済は、働いていません。

2 範囲の経済とは

　範囲の経済とは、複数の製品の生産（複数の事業）について、別々の企業で行うよりも1つの企業で行った方が総費用が低いことを意味します。

（縦書き）2 生産者行動理論

A社：旅客事業　　　……総費用＝20億円
B社：荷物の配送事業　……総費用＝20億円
　合計の総費用＝20億円＋20億円＝40億円

ここで、仮にC社が2つの事業を同時に営むと、総費用は上記の40億円よりも安くなるというのが範囲の経済です。

C社：旅客事業＋荷物の配送事業　……総費用＝30億円（40億円よりも低い）

①	$C(0, 100) = 100$	
	$C(0, 200) = 220$	
②	$C(50, 0) = 150$	
	$C(100, 0) = 310$	
③	$C(50, 100) = 240$	
	$C(100, 200) = 520$	

①では、製品Yの生産を100単位行うと100の総費用が発生します。また、②から、製品Xの生産を50単位だけ行うと150だけの総費用が発生します。したがって、別々に生産を行うと合計でコストは100＋150＝250だけ発生します。

次に、③から、製品Xの生産を50単位、製品Yの生産を100単位を一緒に行うと合計でコストは240だけ発生します。以上より、範囲の経済は、働いています。

🔑 Keyword

▶ 規模の経済（スケールメリット）

規模の経済とは、大量生産に伴う低コスト化を意味します。大量に生産することで平均費用を低下させることができれば、規模の経済が働いているといえます。

▶ 範囲の経済

範囲の経済とは、複数の事業や製品生産を別々の企業で行うよりも、1社で行った方が総費用が安くなることを意味します。

過去問　トライアル解答 ▶ **ア**

☑チェック問題

範囲の経済とは、大量生産に伴うコスト削減効果を意味する。　　　⇒×
▶ 大量生産低コストという現象は、規模の経済である。

MEMO

3　費用関数
費用関数

学習事項　費用関数，総費用，短期費用関数，変動費，固定費

このテーマの要点

生産量と総費用の関係を理解する！

　企業の生産行動を考える上で、総費用を把握することは重要です。総費用は、変動費と固定費に区分されますが、この総費用を図で理解することにします。総費用は、縦軸に総費用、横軸に生産量をとると、一般に逆S字型として描かれます。もちろん、必ず総費用曲線が逆S字型になるわけではありませんが、一般的には逆S字型となります。以前に説明した生産関数は、S字型となりますので、混同しないように注意しましょう。

過去問 トライアル	平成14年度　第19問
	総費用曲線
類題の状況	H29-Q14

　ある企業の短期総費用曲線STCが次のように与えられているとする。下図のSTC上のE点とG点での接線の傾きは等しく、F点での接線の傾きはこれらよりも小さい。また、G点での接線は原点を通り、STCはG点以外では、この接線よりも上方に位置している。この企業の費用に関する記述について、最も適切なものはどれか。

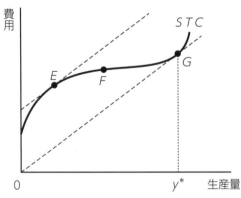

ア 限界費用は、生産量が0とy^*の間では逓減し、y^*より大きい場合は逓増している。

イ 固定費用は0である。

ウ 生産量がy^*より大きい場合には、「規模の経済性」が働いている。

エ 短期平均費用は、生産量が0とy^*の間では逓減し、y^*より大きい場合は逓増している。

1 費用関数

費用関数とは、生産量Qと総費用TC（Total Cost）との関係を表すものです。例えば、ある企業の総費用関数が、以下のように設定されているとします。

$$総費用TC = 2Q^3 - Q^2 + Q + 3 = 2 - 1 + 1 + 3 = 5$$

ここで例えば、生産量Qが1つならば、総費用TCは5となります。このように、総費用関数が設定されれば、生産量が決まるとそれに対応する総費用の大きさも求まります。

2 短期費用関数（Short-run Total Cost：STC）

企業の短期における生産量と総費用の関係を表すものが、短期費用関数です。また、企業が資本設備を変えることのできないくらい短い期間を短期といい、1年や2年といった具体的な年数を意味するわけではありませんので注意してください。

Example ビール工場における短期費用関数

あるビール工場における「短期」の意味を説明します。

年度	労働量	資本設備	備考
2024年	30,000時間	10台	－
2025年	35,000時間	10台	1年後の短期には、資本設備は不変となる。
2034年	40,000時間	15台	10年後の長期には、資本設備は増加している。

このように、短期的には、資本（設備）を不変として生産活動を行います。すなわち、所与の生産設備の下で生産を行います。したがって、短期的には、固定費用（Fixed Cost：FC）が存在します。この固定費用としては、減価償却費などを想起すればよいでしょう。

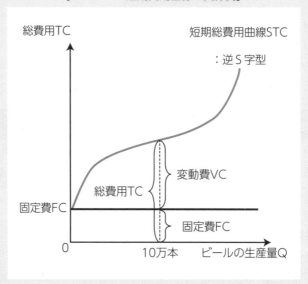

【2-3-1　短期費用曲線の具体例】

短期総費用曲線STC
：逆S字型

総費用TC

変動費VC

固定費FC

総費用TC

固定費FC

0　　　　　10万本　　ビールの生産量Q

3　変動費と固定費について

❶変動費（Variable Cost：VC）

　変動費とは、操業度（生産量）の変化に伴って変化する費用を意味し、人件費などが該当します。人件費は、生産量が増加すると増え、生産量が減ると低下します。

❷固定費（Fixed Cost：FC）

　固定費とは、操業度（生産量）が変化しても変化しない費用を意味し、減価償却費などが該当します。減価償却費などは、生産量が増減しても増減しません。

【2-3-2　変動費と固定費の具体例】

	7月	8月	差分
生産量	10万本	12万本	＋2万本
人件費（変動費）	100万円	120万円	＋20万円
減価償却費（固定費）	100万円	100万円	±0円

🔑 Keyword

▶ **変動費と固定費**

変動費とは、生産量の増減に伴い変動する費用を意味し、固定費とは、生産量が増減しても変動しない費用を意味します。

▶ **総費用**

総費用とは、変動費と固定費の合計を意味します。

過去問 トライアル解答 エ

2
生産者行動理論

☑チェック問題

ある企業の短期総費用曲線は、逆S字型で描くことができる。 ⇒○

第2分野 生産者行動理論

4 費用関数
平均費用

学習事項 平均費用，平均費用曲線

このテーマの要点

生産量1単位当たりの総費用を理解する！

　平均費用とは、生産量1単位当たりの総費用です。例えば、ビール工場における生産を考えた場合、ビールを1本生産するときの総費用が平均費用となります。工場長あるいは企業の経営者としては、この平均費用の大きさに注意して生産活動を行

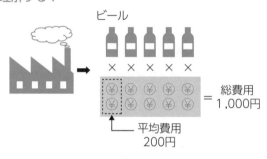

う必要があります。図の上で平均費用はどのように把握されるのかをしっかりと理解しておいてください。

過去問 トライアル	オリジナル問題
	平均費用
類題の状況	－

　下の図は、ある企業の総費用曲線である。そこで、この企業にとって平均費用を最小にする生産量について、最も適切なものを選べ。

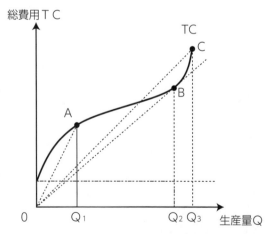

ア 存在しない。
イ Q₁
ウ Q₂
エ Q₃

1 平均費用の概念

平均費用AC（Average Cost）とは、生産量1単位当たりの総費用TCを意味します。

$$
平均費用AC = \frac{総費用TC}{生産量Q}
$$

この平均費用ACは、図の上では、原点と総費用曲線上の任意の1点を結んでできる直線の傾きとして把握されます。

例えば、下の図において、ビールの生産量が1万本であったとします。また、そのときの総費用TCが200万円であったとします（点A）。このとき、ビールの生産量1単位当たりの総費用すなわち平均費用ACは200円（＝200万円／1万本）となります。

【2-4-1 ビールの総費用曲線】

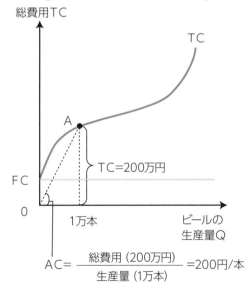

$$
AC = \frac{総費用（200万円）}{生産量（1万本）} = 200円/本
$$

図の上では、まず原点を押さえます。その上で、任意の1点を結んで補助線（図上の点線OA）を引きます。この補助線の傾きが、平均費用の大きさを表します。

さらに、次ページの図を見てください。

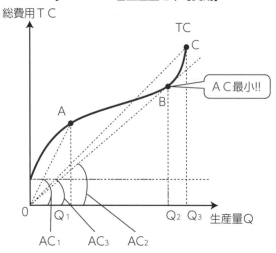

【2-4-2 各生産量と平均費用】

　上述のように、原点と任意の1点を結んでできる補助線の傾きが平均費用となります。例えば、生産量がQ_1ならば平均費用はAC_1となり、生産量がQ_2ならば平均費用はAC_2となり、生産量がQ_3ならば平均費用はAC_3となります。

　ここで、注意してほしいことは、生産量がQ_2のときの平均費用AC_2が、この企業にとっての最小の平均費用となることです。つまり、補助線の傾きが最小になっています。仮に生産量がQ_2を上回ってQ_3となってしまうと平均費用はAC_3となり、平均費用は上昇してしまいます。

2　平均費用曲線の概念

　最後に、次ページの図を見てください。この図では、縦軸に総費用ではなく、平均費用ACをとっています。横軸は、上の図と同様に生産量Qをとっています。これは、平均費用曲線と呼ばれます。

　上の図の関係より、生産量がQ_1からQ_2に増加するにしたがい平均費用は低下していますから右下がりになります。また、生産量がQ_2からQ_3に増加するにしたがい平均費用は上昇していますから右上がりになります。

　以上より、平均費用曲線は、放物線として描かれます。

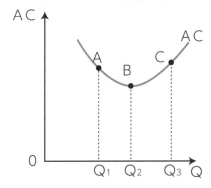

【2 - 4 - 3　平均費用曲線】

⚷ Keyword

▶　平均費用ＡＣ
　平均費用ＡＣとは、生産量１単位当たりの総費用の大きさを意味します。

過去問　トライアル解答

☑チェック問題

　短期費用曲線が逆Ｓ字型で描かれる場合、平均費用曲線は右上がりの直線で
描かれる。　　　　　　　　　　　　　　　　　　　　　　　　　　　　⇒×
▶　平均費用曲線は、Ｕ字型になる。ただし、横軸に生産量、縦軸に平均費用を
　とる。

5 費用関数
平均可変費用

学習事項 平均可変費用，平均可変費用曲線

このテーマの要点

生産量1単位当たりの変動費用を理解する！

　平均可変費用とは、生産量1単位当たりの可変費用です。例えば、ビール工場における生産を考えた場合、ビールを1本生産するときの可変費用（変動費）が平均可変費用となります。前テーマで説明した平均費用の場合、減価償却費などの固定費まで含まれています。一方、こうした

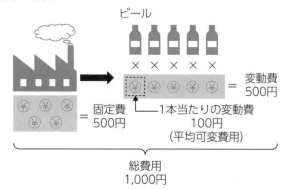

固定費を除外して、可変費用（変動費）だけを取り上げ、1単位当たりの可変費用（変動費）を考えるものが平均可変費用です。

過去問 トライアル	オリジナル問題
	平均可変費用
類題の状況	H25-Q16　H19-Q13(1)

　下の図は、ある企業の総費用曲線である。そこで、この企業にとって平均可変費用を最小にする生産量について、最も適切なものを選べ。

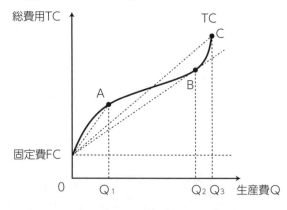

ア　存在しない。

イ　Q_1

ウ　Q_2

エ　Q_3

1 平均可変費用の概念

　平均可変費用ＡＶＣ（Average Variable Cost）とは、生産量１単位当たりの可変費用ＶＣ（変動可能な費用＝変動費用）を意味します。可変費用（変動費）は、具体的には、人件費などが該当します。したがって、平均可変費用とは、生産量１単位当たりの人件費を意味するものと理解することができます。工場長としては、前テーマの平均費用よりもこの平均可変費用の方がコスト管理としては有用であると考えられます。

$$平均可変費用ＡＶＣ＝\frac{変動費用ＶＣ}{生産量Ｑ}$$

　この平均可変費用ＡＶＣは、図の上では、縦軸切片と総費用曲線上の任意の１点を結んでできる直線の傾きとして把握されます。平均可変費用には、固定費は含まれません。そのため、縦軸切片で示される固定費ＦＣを除くことになります。

　図の上では、まず縦軸切片を押さえます。その上で、任意の１点と結んで補助線（図上の点線）を引きます。この補助線の傾きが、平均可変費用の大きさを表します。

　例えば、次ページの図において、ビールの生産量ＱがＱ₁であったとします。このとき平均可変費用はＡＶＣ₁となります。また、生産量がＱ₂ならば平均可変費用はＡＶＣ₂となり、生産量がＱ₃ならば平均可変費用はＡＶＣ₃となります。

　このとき重要なことは、生産量がＱ₂のときが、補助線の傾きが最も緩やかになっているので、平均可変費用が最小になることが判断できるということです。

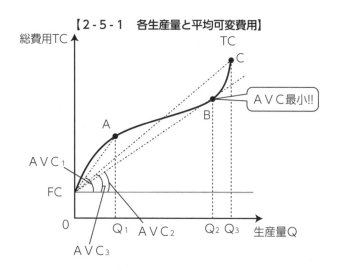

【2-5-1　各生産量と平均可変費用】

2　平均可変費用曲線の概念

　最後に、下の図を見てください。下図では、縦軸に総費用ではなく、平均可変費用AVCをとっています。横軸は、上の図と同様に生産量Qをとっています。これは、平均可変費用曲線と呼ばれます。

　上の図の関係より、生産量がQ_1からQ_2に増加するにしたがい平均可変費用は低下していますから右下がりになります。また、生産量がQ_2からQ_3に増加するにしたがい平均可変費用は上昇していますから右上がりになります。

　以上より、平均可変費用曲線は、放物線として描かれます。

【2-5-2　平均可変費用曲線】

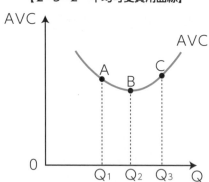

⚿ Keyword

▶ 平均可変費用ＡＶＣ

　平均可変費用ＡＶＣとは、生産量１単位当たりの変動費（可変費用）の大きさを意味します。

過去問 トライアル解答 ▶ **ウ**

☑チェック問題

平均可変費用は、総費用を生産量で除すことによって求められる。　　⇒×

▶ 平均可変費用は、可変費用（変動費用）を生産量で除すことによって求められる。

6 費用関数
限界費用

学習事項 限界費用，限界費用曲線

このテーマの要点

生産量が１単位増えると総費用の変化はいくら？

　限界費用とは、ある状態から生産量を１単位増加させた場合の追加的な総費用の増加分を意味します。

　限界という概念は、以前にも登場しましたが、現状から１単位増えるということを意味します。例えば、ビールを１本増産するときの総費用の上昇分が限界費用です。おそ

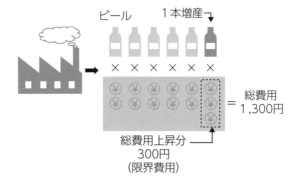

らく実務上ではあまり用いられない概念であると思いますが、受験上は最も重要な概念です。しっかりと理解しましょう。

過去問 トライアル	令和５年度　第14問
	費用曲線
類題の状況	H25-Q16　H19-Q13(2)

　下図は企業の短期費用曲線を示し、縦軸のＯＡが固定費用を表している。ここで、総費用曲線ＴＣ上の接線のうち、①その傾きが最小となる点をＸ、②Ａを起点とした直線と接する点をＹ、③Ｏを起点とした直線と接する点をＺとする。

　この図から読み取れる記述として、最も適切な組み合わせを下記の解答群から選べ。

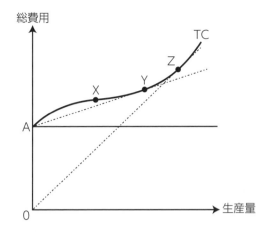

a 点Xでは平均固定費用が最小になっている。
b 点Yでは平均可変費用が最小になっている。
c 点Zでは平均総費用が最小になっている。
d 点Xから点Zにかけて限界費用は逓減している。

〔解答群〕

ア aとb **イ** aとc **ウ** aとd **エ** bとc **オ** bとd

1 限界費用の概念

　限界費用MC（Marginal Cost）とは、ある生産量から生産量を1単位増加させたときにどれくらい追加的に費用が発生するかを意味します。

【2-6-1 限界費用の具体例】

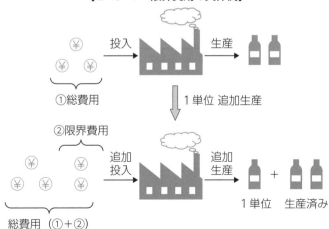

あるビール工場において、生産量を100本から101本に増加した場合の総費用の増加額を考えます。
- 生産量＝100本　　総費用　＝1,000円
　　　　　＋1本　　　　　　　＋100円（←限界費用ＭＣ＝100円）
- 生産量＝101本　　総費用　＝1,100円

ここでは、1本追加増産すると総費用が1,000円から1,100円に上昇しています。このとき、限界費用ＭＣ＝100円となります。

　この限界費用ＭＣは、総費用曲線上では、任意の1点における接線の傾きとして把握されます。

　次ページの図を見てください。上述のように図の上では、任意の1点の接線の傾きが、限界費用ＭＣの大きさを表します。例えば、生産量がQ_1ならば限界費用はMC_1となり、生産量がQ_2ならば限界費用はMC_2となり、生産量がQ_3ならば限界費用はMC_3となります。

【2-6-2　各生産量と限界費用】

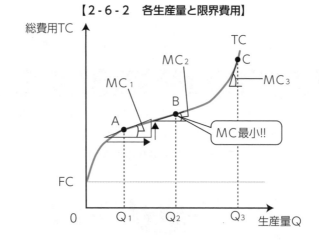

2 限界費用曲線の概念

　下図は縦軸に限界費用ＭＣ、横軸に生産量Ｑをとっています。これは限界費用曲線と呼ばれます。

　上の図の関係より、生産量がQ_1からQ_2に増加するにしたがい限界費用は低下していますから右下がりに、生産量がQ_2からQ_3に増加するにしたがい限界費用は上昇していますから右上がりになります。

　以上より、限界費用曲線は、放物線として描かれます。

【2-6-3　限界費用曲線】

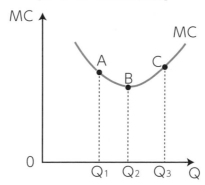

🔑 Keyword

▶　**限界費用ＭＣ**

　限界費用ＭＣとは、ある状態から生産量が１単位変化した場合に総費用がどれくらい変化するかを意味します。

過去問 トライアル解答　 **エ**

☑チェック問題

　限界費用は、総費用曲線上の接線の傾きで示される。　　　　　　　　⇒○

---

7 費用関数
3つの費用の関係

学習事項 平均費用・平均可変費用・限界費用の関係

このテーマの要点

3つの費用を1つの図にまとめるとどうなるか！

　ここでは、今まで学習してきた平均費用曲線ＡＣと平均可変費用曲線ＡＶＣと限界費用曲線ＭＣを1つの図にまとめていきます。これは、後に学習する損益分岐点や操業停止点、供給曲線などを導出

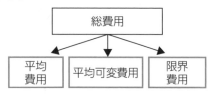

する際の基礎的前提になるので覚えておいてください。いずれの曲線も、基本的に放物線になりますが、それぞれの意味（概念）は異なります。各概念を理解しておきましょう。

過去問 トライアル	平成30年度　第19問
	費用関数
類題の状況	R04-Q15(1)　H29-Q14

　下図は、生産と費用の関係を描いたものである。ここでは、ある生産要素の投入は変化するが、他の生産要素の投入は変化しない、つまり、少なくとも1つは固定的インプットが存在する短期の費用関数を考える。

　この図に関する記述として、最も適切なものの組み合わせを下記の解答群から選べ。

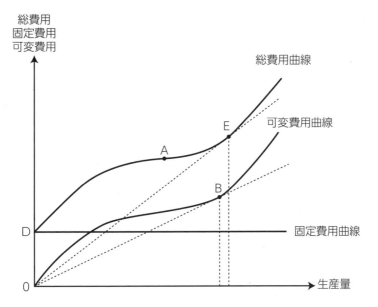

a　原点Oと点Bを結んだ線の傾きによって、平均費用が求まる。

b　総費用曲線を見ると、点Dから点Aまでは費用逓増型、点Aから右は費用逓減型となっている。

c　点Eでは、平均費用と限界費用が一致する。

d　平均費用が最小になる生産量より、平均可変費用が最小になる生産量の方が少ない。

〔解答群〕

ア　aとb

イ　aとd

ウ　bとc

エ　cとd

今まで説明してきた平均費用曲線ＡＣ、平均可変費用曲線ＡＶＣ、限界費用曲線ＭＣを１つの図にまとめると、以下のようになります。

【2-7-1　3つの費用の関係①】

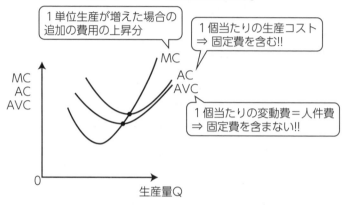

この図のポイントとして、以下の２点を指摘することができます。

ポイント１．ＡＣ、ＡＶＣ、ＭＣはすべて放物線となります。

ポイント２．ＭＣは、ＡＣ、ＡＶＣの最低点を通過します。

まず、ポイント１ですが、これは今までの説明の通りであり、３つの曲線は放物線として描かれるということです。また、ポイント２ですが、この内容は、説明が複雑になるので、割愛しています。そのため、単に暗記しておいてください。

例えば、ポイント２に関連して下の図を見てください。下図では、限界費用曲線ＭＣが平均費用曲線ＡＣや平均可変費用曲線ＡＶＣの最低点を通過していないので誤りです。

【2-7-2　3つの費用の関係②】

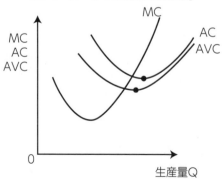

⚔ Keyword

▶　3つの費用の関係

　限界費用曲線ＭＣは、平均費用曲線ＡＣと平均可変費用曲線ＡＶＣの最低点を通過します。

過去問　トライアル解答 ▷

☑チェック問題

　平均費用ＡＣは、平均可変費用ＡＶＣよりも大きくなる。　　　　　　⇒○

2
生産者行動理論

8 費用関数
最適生産

学習事項 企業の総収入，利潤最大化

このテーマの要点

利潤が最大になる生産量は！

ここでは、企業の最適な生産量の決定について説明します。最適な生産量というのは、利潤が最大になった場合の生産量を意味します。例えば、ビールを10万本生産すれば利潤が最大になるといった内容です。企業は、究極的にはこの利潤を最大化するように生産量を決定するという行動をとります。実務上では、利潤は利益あるいは儲けというように

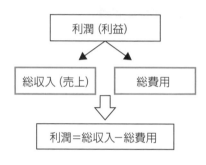

表現されることが多いと思いますが、経済学では通常は、利潤というように表現します。この利潤が最大化された生産量が、最適生産と呼ばれます。

過去問 トライアル	平成21年度　第13問（設問2）
	企業の利潤最大化条件
類題の状況	R04-Q15(2)　H27-Q17　H26-Q18　H24-Q19　H16-Q16 H13-Q21

下図のように実線で表される総費用関数を持つ企業を考える。ここで、総収入線が太い直線 α で表されている。利潤の観点から最適な点はどれか。最も適切なものを下記の解答群から選べ。

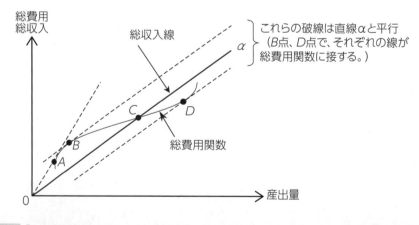

〔解答群〕

ア A点　**イ** B点　**ウ** C点　**エ** D点

1 企業の総収入 (Total Revenue：TR)

　企業の総収入TRは、価格Pと生産量Qの積によって算定されます。なお、総収入とは、企業にとって売上高を意味します。

> 総収入TR＝価格P×生産量Q

　ここで重要なことは、価格Pを一定であるとしていることです。一般に（現実的には）、企業は価格を付け替えることができます。しかし、ここでは価格は市場全体の取引によって決定されるので、一定であるとしています。例えば、価格は100円や200円というように、市場で決定されてしまい、各企業がこの価格を付け替えることはできません。

　このように市場価格は、市場全体の取引によって決定され、各企業はその市場価格を所与として行動するという仮定のことをプライステーカー（価格受容者）といいます。

2 企業の利潤最大化

　企業の利潤πは、総収入－総費用で求められます。そのため、総収入－総費用が最大になるように生産量を決定すればよいのです。

　この点について、図を用いて説明すると、総収入線TRと総費用曲線TCの乖離幅が最大になればよいということになります。

【2-8-1　利潤最大化の生産量】

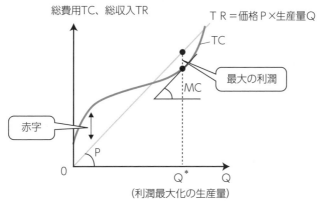

(利潤最大化の生産量)

そして、この乖離幅が最大になるためには、総費用曲線ＴＣの接線の傾きが市場価格Ｐに一致すればよいのです。

> 利潤最大化条件：価格Ｐ＝限界費用ＭＣ

上記の関係について、具体例を用いて直感的に説明します。

（ケース１）価格Ｐ＝100円　＞　限界費用ＭＣ＝80円
- ⇒　生産量を１単位増加させると、総収入ＴＲは100円上昇し、総費用ＴＣは80円上昇します。
- ⇒　つまり、差額の20円だけ利潤が増加しますので、まだ現状では利潤が増える余地があり、最大になっていません。

（ケース２）価格Ｐ＝80円　＜　限界費用ＭＣ＝100円
- ⇒　生産量を１単位減少させると、総収入ＴＲは80円低下し、総費用ＴＣは100円低下します。
- ⇒　つまり、差額の20円だけ利潤が増加しますので、まだ現状では利潤が増える余地があり、最大になっていません。

（ケース３）価格Ｐ＝100円　＝　限界費用ＭＣ＝100円
- ⇒　生産量を１単位増加させると、総収入ＴＲは100円上昇し、総費用ＴＣも100円上昇します。
- ⇒　つまり、利潤が増える余地がなく、この状態が最大となります。

⚷ Keyword

▶　最適生産

　最適生産とは、企業が利潤を最大化した状態の生産を意味し、価格と限界費用の一致によって実現します。

過去問　トライアル解答　▶　エ

☑チェック問題

　完全競争市場で取引を行う企業の場合、利潤最大化条件は、価格と平均可変費用の一致となる。　　　　　　　　　　　　　　　　　　　⇒×
▶　価格と限界費用の一致によって利潤が最大化される。

MEMO

9 費用関数
損益分岐点と操業停止点

学習事項 損益分岐点，損益分岐価格，操業停止点，操業停止価格

このテーマの要点

赤字と黒字、操業を継続するか停止するかの分かれ目は？

　企業にとって赤字になるか黒字になるかの分かれ目を損益分岐点といい、操業を継続するか停止するかの分かれ目を操業停止点といいます。この両者は異なる基準となります。赤字経営に陥ったからといって即座に操業を停止するわけではありません。例えば、赤字経営になっても操業を継続するケースがあります。参考までに、操業停止点については、計算問題として出題されたことがあります。

過去問 トライアル	平成14年度　第20問
	損益分岐点と操業停止点
類題の状況	R01-Q16　H27-Q15　H23-Q20　H19-Q13(3)

　完全競争市場において、ある企業の平均費用曲線ＡＣと平均可変費用曲線ＡＶＣおよび限界費用曲線ＭＣが次のように与えられているとする。このとき、操業停止点および損益分岐点の記述について、最も適切なものはどれか。

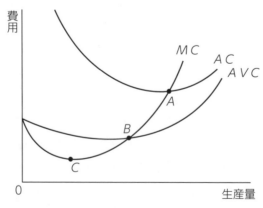

ア　A点で平均費用曲線と限界費用曲線が交わるので、A点が操業停止点を表す。

イ　B点での数量未満では固定費の回収ができないので、B点が操業停止点を表す。

ウ　C点で限界費用が最小となるので、C点が操業停止点を表す。

エ　C点で限界費用が最小となるので、C点が損益分岐点を表す。

1 損益分岐点

　損益分岐点とは、赤字経営か黒字経営の分かれ目になる点（＝利潤がゼロになる点）です。下図においては、平均費用曲線の最低点である点Aが損益分岐点となります。また、そのときの価格P_1のことを損益分岐価格といいます。価格がP_1を下回ると、価格が平均費用AC＝1個当たりの総費用を下回るので、赤字になります。

【2-9-1　平均費用曲線と損益分岐点】

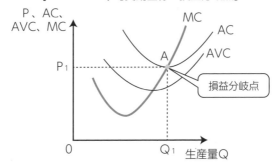

　なぜ点Aが損益分岐点になるのかは、次のように説明されます。例えば、市場価格PがP_1のとき、P＝MCより、生産量はQ_1となります。このとき平均費用ACはP_1の水準と一致するので利潤がゼロになります。市場価格が、P_1よりも高ければ黒字になりますが、P_1よりも下がると赤字経営となるのです。

2 操業停止点

　操業停止点とは、操業を継続するか停止するかの分かれ目になる点です。次ページの図においては、平均可変費用曲線の最低点である点Bが操業停止点となります。また、そのときの価格P_2のことを操業停止価格といいます。

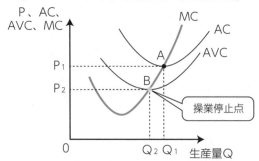

【2-9-2　平均可変費用曲線と操業停止点】

　市場価格PがP₂のとき、P＝MCより、生産量はQ₂となります。市場価格がこれ以上下がると操業を停止するのです。価格がP₂を下回ると、価格が平均可変費用AVC＝1個当たりの人件費を下回るので、十分に人件費を支払うことができず、固定費を回収することができないからです。

　なお、点Bでは価格と平均可変費用（変動費）が一致します。つまり、1単位当たりの価格と1単位当たりの可変費用が一致します。したがって、総収入（売上）と変動費が一致します。

　企業の利潤π＝総収入－総費用（変動費＋固定費）
　企業の利潤π＝総収入－変動費－固定費＝－固定費　（∵総収入＝変動費）

　つまり、操業停止点では、固定費の分だけ赤字になります。そして、価格がP₂よりも高ければ、固定費用を回収することができます。ですから、企業は操業を継続します。

☌ Keyword

▶　損益分岐点と操業停止点
　損益分岐点とは、赤字経営か黒字経営かの分かれ目になる点であり、平均費用曲線の最低点で示されます。一方、操業停止点とは、操業を継続するか停止するかの分かれ目になる点であり、平均可変費用曲線の最低点で示されます。

過去問　トライアル解答　 **イ**

☑チェック問題

　平均費用曲線が、一般的な放物線で描かれるとき、平均費用曲線の最低点は、損益分岐点となる。　　　　　　　　　　　　　　　　　　　　　　　　⇒○

費用関数
企業の供給曲線

学　習　事　項　供給曲線

このテーマの要点

企業の供給曲線は右上がり！

今までの学習で、企業の利潤最大化条件は価格と限界費用の一致であることを学びました。そこで、ここでは企業の供給曲線が一般に右上がりになることを説明します。つまり、市場価格が高くなればなるほど生産量（供給量）は増加します。逆に、市場価格が低くなればなるほど生産量（供給量）は減少します。

> 利潤最大化条件：価格＝限界費用

> 供給曲線＝（操業停止点よりも上の）
> 　　　　　限界費用曲線

過去問 トライアル	オリジナル問題
	企業の供給曲線
類題の状況	H23-Q20　H19-Q13(3)

企業の供給曲線に関する記述について、最も適切なものはどれか。

ア　一般に右上がりになる。

イ　一般に右下がりになる。

ウ　一般に水平になる。

エ　一般に垂直になる。

1 企業の供給曲線

まず、下図を見てください。この図では、ある企業の平均費用曲線ＡＣ、平均可変費用曲線ＡＶＣ、限界費用曲線ＭＣが描かれています。ここで、企業の利潤最大化条件は価格Ｐと限界費用ＭＣの一致であることを思い出してください。したがって、以下の関係が成り立ちます。

【2-10-1　生産量と市場価格の関係】

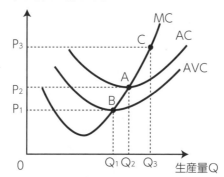

- 市場価格P_1のとき　→　価格＝限界費用より、生産量Q_1となります。
- 市場価格P_2のとき　→　価格＝限界費用より、生産量Q_2となります。
- 市場価格P_3のとき　→　価格＝限界費用より、生産量Q_3となります。

このように、ある市場価格が与えられた場合の利潤最大化の生産量を図に描くと右上がりとなります。つまり、企業の供給曲線Ｓ（Supply）は、右上がりになります。

【2-10-2　企業の供給曲線】

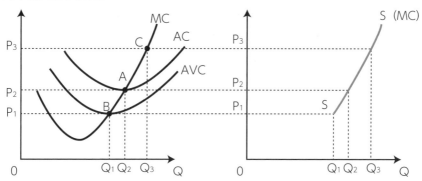

ここで、注意を要するのは、市場価格がP_1を下回ると、企業は操業を停止します。

逆にいうと、市場価格がP₁を上回ると、限界費用曲線MCにしたがって生産量を決定します。前ページの右図では供給曲線Sが描かれていますが、このような理由から供給曲線Sは限界費用曲線MCに対応します。

2 企業の超過利潤（黒字）

ここでは、企業の超過利潤について説明します。下図では市場価格がP₃のとき生産量Q₃となり、平均費用はAC₃となります。

【2-10-3 企業の超過利潤】

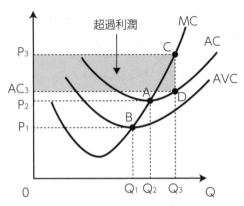

このとき、市場価格の方が平均費用よりも（$P_3 - AC_3$）だけ上回ります。つまり、生産1単位当たり（$P_3 - AC_3$）の黒字になります。したがって、この生産1単位当たり（$P_3 - AC_3$）の黒字に生産量Q₃を乗じた金額である図形P₃CDAC₃の分だけ超過利潤（黒字）が発生するのです。

🔑 Keyword

▶ 供給曲線

　企業が、利潤最大化行動をとる限り、価格と限界費用の一致によって生産量を決定し、市場に供給するので、限界費用曲線が供給曲線に対応し、一般に右上がりになります。

過去問 トライアル解答 ▶ ア

☑チェック問題

　限界費用曲線が一般的な放物線で描かれる場合、企業の供給曲線は右上がりになる。　　　　　　　　　　　　　　　　　　　　　　　　　　　　⇒○

2
生産者行動理論

第 **3** 分野

第 **3** 分野

市場均衡理論

市場均衡理論

1 各テーマの関連

市場均衡理論 ─── 余剰分析 ─┬─ 3-1 消費者余剰
├─ 3-2 生産者余剰
└─ 3-3 従量税の賦課

　本章では、市場均衡について説明します。今までは、1人の消費者や1社の行動を分析してきました。ここからは、市場全体の取引について説明することにします。

　市場というのは、形態別に「完全競争市場」と「不完全競争市場」に区分されますが、本章では「完全競争市場」について説明します。「完全競争市場」とは、多くの消費者や生産者が存在し、市場への参入や退出が可能であり、すべての主体が同じ情報の下、まったく同じ財やサービスを取引している市場を意味します。こうした「完全競争市場」は、現実には存在しませんが、理想的な市場として理解する必要があります。特に、「完全競争市場」で行われる取引が、最も理想的な取引になる点を余剰分析を用いて考えていきます。

　そこで本章では、余剰分析について説明します。この余剰分析は、ある市場での取引が、資源配分の観点から最適といえるかどうかを考えるものです。余剰が最大になっていれば、最適な取引であるといえ、資源配分の観点から最適であると判断されます。逆に、余剰が最大になっていなければ、最適な取引ではなく、資源配分が非効率になっていることを表します。

①出題傾向

#	テーマ	H26	H27	H28	H29	H30	R01	R02	R03	R04	R05
3-1	消費者余剰				1		2			1	
3-2	生産者余剰					1	2	1		1	
3-3	従量税の賦課		1			1	1				

②対策

　市場均衡理論で、最も重要であるのは、「余剰分析」です。この余剰分析は、独占などの不完全競争市場や外部性など、将来に学習する内容とも密接に関連するものであり、重要論点です。

　余剰分析については、しっかりと理解しておかなければなりません。また、この余剰分析は、過去において図の問題だけでなく計算問題としても出題されています。余剰分析は、「死荷重」という言葉がキーワードになるので、覚えておきましょう。

3 学習のポイント

- 消費者余剰：図を理解しておきましょう。
- 生産者余剰：図を理解しておきましょう。
- 従量税の賦課：図を理解しておきましょう。死荷重がキーワードです。

1 余剰分析
消費者余剰

このテーマの要点

買い物をしていくらお金が余ったか？

　ここでは、余剰のうち消費者余剰について説明します。この消費者余剰は、買い物をしてどれだけ得をしたかを表します。消費者の立場としては、価格が安い方が望ましいでしょう。お買い得感があり、用意していたお金が余るのです。これが消費者余剰と呼ばれます。この消費者余剰は、市場全体の資源配分（最適な取引量）を考える上で重要な概念となります。

消費者にとってお金が余る

⇩

消費者余剰

過去問 トライアル	平成29年度　第10問
	余剰分析
類題の状況	R04-Q11　R01-Q10　R01-Q11

　価格と消費者余剰について考える。下図に関する記述として、最も適切なものを下記の解答群から選べ。

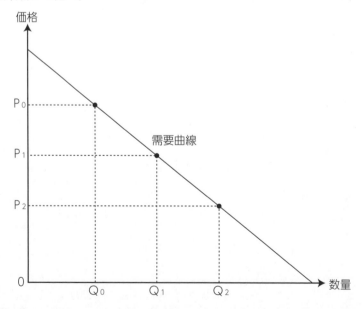

〔解答群〕

ア 価格がP_0のとき、消費者がQ_0を選択する場合の消費者余剰は、消費者の支払意思額よりも大きい。

イ 価格がP_1のとき、消費者がQ_1を選択する場合の消費者余剰は、Q_0を選択する場合の消費者余剰よりも大きい。

ウ 価格がP_2のとき、消費者がQ_1を選択する場合の消費者余剰は、Q_2を選択する場合の消費者余剰よりも大きい。

エ 価格が0のとき、実際の支払額は0なので、消費者がQ_0やQ_1を選択しても、消費者余剰は得られない。

---

1 消費者余剰の意義

消費者余剰とは、簡単にいうと、消費者の立場で買い物をして、どれだけ得をしたかを金額で表したものです。

いま、キャベツの消費について考えてみましょう。

【3-1-1 消費者余剰のイメージ】

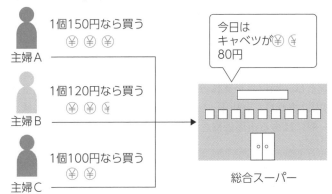

ここで、実際の市場価格が80円であったとします。すると3人の主婦は、1個ずつキャベツを買うはずです。このとき、各消費者（各主婦）にとって、いくらお金が余るかを考えます。つまり、消費によっていくら得をしたかを計算します。

> 主婦A＝150円－80円＝70円
> 主婦B＝120円－80円＝40円
> 主婦C＝100円－80円＝20円

これらを合計したものが消費者余剰（＝70円＋40円＋20円）となります。

2 消費者余剰の図解

　もちろん市場には、この3人の主婦以外にも多くの消費者が存在するでしょう。下図では、価格がP＊のときに、市場全体での需要量はD＊となります。そのため、消費者余剰は、△AEP＊となります。

【3-1-2　需要曲線と消費者余剰】

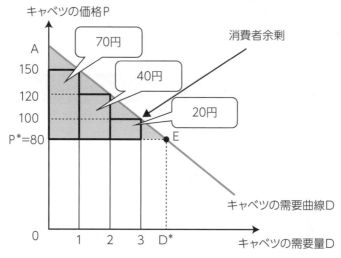

　消費者余剰とは、消費者が支払ってもよいと考える最大の価格（主婦A：150円、主婦B：120円、主婦C：100円）と実際の支払額（80円）の差額です。なお、消費者余剰は、一般にはある市場価格を基準に、上向きの三角形となります。

⚷ Keyword

▶　消費者余剰

　消費者余剰とは、消費者が支払ってもよいと考える最大の価格と実際の支払額の差額を意味します。

過去問 トライアル解答　▶　イ

☑チェック問題

　需要曲線が右下がりの直線である場合、市場価格が低下すると、消費者余剰は増加する。　⇒○

MEMO

2 余剰分析
生産者余剰

学習事項 生産者余剰

このテーマの要点

生産販売による儲けが生産者余剰！

ここでは、余剰のうち生産者余剰について説明します。この生産者余剰は、物を売ってどれだけ得をしたかを表します。生産者の立場としては、価格が高い方が望ましいでしょう。より高い価格で販売できれば利潤も増加します。これが生産者余剰と呼ばれます。この生産者余剰は、前述の消費者余剰と同様に市場全体の資源配分（最適な取引量）を考える上で重要な概念となります。

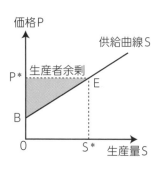

過去問トライアル	平成14年度 第13問
	生産者余剰
類題の状況	R04-Q12 R02-Q12 R01-Q10 R01-Q11 H30-Q10 H15-Q13

ある財の需要曲線Dと供給曲線Sが図のように与えられているとする。このとき、生産者余剰は次のうちどれか。

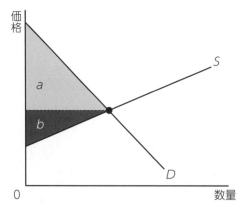

ア 面積a **イ** 面積b **ウ** 面積（a＋b） **エ** 面積（a－b）

1　生産者余剰の意義

　生産者余剰とは、大雑把にいうと、生産者が物を売ってどれだけ得をしたかを金額で表すものです。厳密には、以下の式で定義されます。

> 生産者余剰＝利潤＋固定費

　生産者余剰が、利潤＋固定費になることは、説明すると複雑になるので、暗記してください。また、例えば、固定費がゼロであれば、生産者余剰＝利潤となります。

2　生産者余剰の図解

　この生産者余剰は、以下のように3つのステップを踏んで把握することができます。キャベツの市場における生産者余剰を考えることにします。

> ステップ1．総収入（売上）を把握する。
> ステップ2．限界費用MCを把握する。
> ステップ3．両者の差額を把握する。これが生産者余剰となる。

① ステップ1：総収入（売上）を把握

　キャベツの価格P^*とキャベツの生産量S^*を掛け算してキャベツの市場全体の総収入（売上）を計算します。下図では、図形$0P^*ES^*$となります。

【3-2-1　キャベツ市場全体の総収入（売上）】

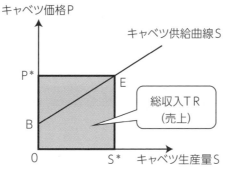

② ステップ2：限界費用MCを把握

　キャベツの生産量S^*の場合の限界費用MCの合計を計算します。図の上では、図形BES^*0となります。

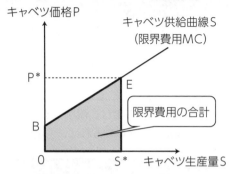

【3-2-2　キャベツの限界費用】

キャベツ価格P

キャベツ供給曲線S
（限界費用MC）

P*　　　　　　　　　E

限界費用の合計

B

0　　　　　　　S*　キャベツ生産量S

③ ステップ3：両者の差額を把握

　ステップ1で把握した総収入からステップ2で把握した限界費用の合計を控除します。図の上では、図形P*EBとなり、これが生産者余剰となります。なお、生産者余剰は、一般にはある市場価格を基準に、下向きの三角形となります。

【3-2-3　生産者余剰】

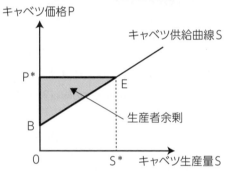

キャベツ価格P

キャベツ供給曲線S

P*　　　　　　　　E

生産者余剰

B

0　　　　　　　S*　キャベツ生産量S

過去問　トライアル解答　　イ

☑チェック問題

　供給曲線が右上がりの直線である場合、市場価格が低下すると、生産者余剰は増加する。　　　　　　　　　　　　　　　　　　　　　⇒×

▶　価格が低下すると、生産者余剰は減少する。

MEMO

3 余剰分析
従量税の賦課

学習事項 従量税, 死荷重

(このテーマの要点)

たばこ税が市場取引に与える影響は？

ここでは、たばこ税の導入などの課税の経済効果について説明します。具体的には、従量税（生産量1単位当たりに課される租税）の経済効果を説明します。

たばこ税を導入すると、市場価格が上昇し市場取引量が減少してしまうことは直感的に理解できるかと思います。しかし、受験生としては、この点について余剰分析を行い正確に議論できなければなりません。特に、余剰分析を行う場合「死荷重」という言葉がキーワードになります。「死荷重」とは、余剰の損失分を表す言葉であり、資源配分の非効率性を意味します。この点について、図を用いて理解しましょう。

| 政府の課税 |

| 市場取引量の減少 |

| 死荷重の発生 |

過去問 トライアル	平成13年度　第15問
	従量税
類題の状況	H30-Q15　H29-Q11　H27-Q18(1)(2)　H24-Q13　H24-Q14 H23-Q13

ある財の市場の需要曲線Dと供給曲線Sが、当初、図のように与えられており、その財に課税がなされたため供給曲線がS′にシフトしたとする。このときの税収入の大きさを示す面積として最も適切なものはどれか。

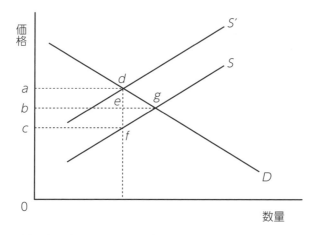

ア ａｂｅｄで囲まれた部分
イ ａｂｇｄで囲まれた部分
ウ ａｃｆｄで囲まれた部分
エ ｂｃｆｇで囲まれた部分

1 従量税の意義

❶従量税と従価税

　税には従量税と従価税があります。従量税とは、生産量にしたがって課される租税です。価格にしたがって課税される租税が従価税です。消費税などは従価税となります。

❷課税の効果

　ここでは、生産者に対する課税の効果を考えます。さらに、租税として従量税を想定します。

　従量税とは、生産１単位当たりｔ円の課税を意味します。例えば、たばこ１本１円の税金（１箱20本入りならば１箱20円の税金）は従量税となります。

　いま、政府が、たばこ会社に対して従量税を賦課したとします。このとき、たばこ会社としては、生産量を１単位増加させると、企業は政府にｔの租税を支払います。したがって、企業としては、限界費用ＭＣがｔだけ上昇することになります。

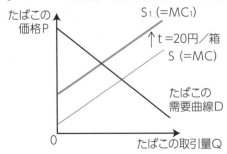

【3-3-1　従量税の賦課と限界費用の上昇】

たばこの
価格P

S_1 (=MC_1)

↑ t＝20円／箱

S (=MC)

たばこの
需要曲線D

0　　　　　　　たばこの取引量Q

　例えば、たばこ会社が生産量を１つ増やすと、税金がなければ、追加的に総費用が100円だけ上昇するとします（限界費用ＭＣ＝100円）。

　ここで、たばこ税を20円だけ支払うとすると、（100円＋20円）だけ追加的に総費用が上昇します（限界費用ＭＣ＝120円）。

　このように、政府によるたばこ税の導入によって限界費用は100円から120円へと上昇します。さらに、限界費用が t だけ上昇すると、供給曲線が t だけ上方にシフトします。

2　従量税の余剰分析：課税前後の余剰の比較

❶ 課税前の余剰

　たばこ税が導入される前は、自由競争市場となります。したがって、市場需要曲線Dと市場供給曲線Sの交点Eで市場均衡が実現します。このときの余剰は、以下のように把握されます。

【3-3-2　たばこ税導入前の余剰】

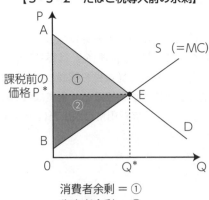

P

A

S (=MC)

課税前の
価格P*

①

②　　　　　　E

B

0　　　　Q*　　　Q

D

消費者余剰 ＝ ①
生産者余剰 ＝ ②
総 余 剰 ＝ ①＋②

② 課税後の余剰

次に、たばこ税が導入された後は、市場需要曲線Dと市場供給曲線S_1の交点E_1で市場均衡が実現します。このときの余剰は、以下のように把握されます。

【3-3-3 たばこ税導入後の余剰】

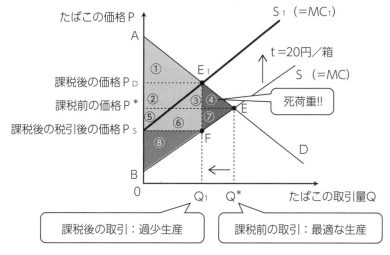

消費者余剰＝①
生産者余剰＝⑧
税収＝②＋③＋⑤＋⑥
総余剰＝①＋②＋③＋⑤＋⑥＋⑧

③ 結論

以上の分析の結果、たばこ税の導入によって、自由競争時と比較して④＋⑦だけ社会の総余剰が減少します。この総余剰の減少分を死荷重（Dead Weight Loss：DWL）といいます。死荷重とは、余剰の損失を意味し、資源配分の非効率性を表します。具体的には、たばこ税の導入によって過少生産となり、失業者や遊休設備が発生します。

なお、税収は、総余剰の中に含めている点に注意してください。税収は、総余剰のプラス項目です。例えば、税金を使って道路を舗装すれば、消費者は買い物への利便性が高まり、生産者は物を運ぶ利便性が高まります。つまり、税収は社会に還元されると考えているため、総余剰のプラス項目となるのです。

▶ 死荷重
しかじゅう

　死荷重とは、余剰の損失を意味し、資源配分が非効率になっていることを表します。

過去問 トライアル解答 **ウ**

☑チェック問題

　ある財の市場の需要曲線Dが一般的な右下がり、供給曲線Sが一般的な右上がりで描かれるとき、その財の生産に従量税が課されると死荷重が発生する。

⇒○

第 **4** 分野

不完全競争市場

不完全競争市場

1 各テーマの関連

不完全競争市場 ─── 独占市場 ─── 4-1 独占企業の総収入

4-2 独占企業の利潤最大化

4-3 価格差別（差別独占）

4-4 独占市場均衡

複占市場 ─── 4-5 複占市場

ゲーム理論 ─── 4-6 ゲーム理論

独占的競争市場 ─── 4-7 独占的競争市場

　本章では、不完全競争市場について説明します。不完全競争市場とは、完全ではない市場です。具体的には、一般に少数の企業で供給されている市場を意味します。

　極端なケースは、独占市場であり、1社のみで供給されます。また、2社で供給される場合には複占市場となり、少数の企業（一般に5〜7社程度）で供給される市場は寡占市場と呼ばれます。この寡占市場が、最も現実に多く見られる市場です。

　そして、最後に独占的競争市場について説明します。独占的競争市場では、多くの生産者が存在しますが、個々の企業が供給する財やサービスが差別化されているため、独占企業に近い行動をとることができます。

　いずれのケースにおいても、ポイントになるのは、企業が価格支配力を有するということです。これをプライスメーカーといいます。

　完全競争市場では、多数（無数）の消費者や生産者が存在するため、個々の主体は、価格支配力を持ちません（プライステーカー）。しかし、不完全競争市場では、企業はプライスメーカーとして行動します。

① 出題傾向

#	テーマ	H26	H27	H28	H29	H30	R01	R02	R03	R04	R05
4-1	独占企業の総収入										
4-2	独占企業の利潤最大化	1									
4-3	価格差別（差別独占）		1			1					
4-4	独占市場均衡	1			1				1		1
4-5	複占市場										
4-6	ゲーム理論	1	1		1	1		1		1	1
4-7	独占的競争市場							1		1	

② 対策

　不完全競争市場については、出題範囲に偏りがあります。まず、突出して出題が多い論点（テーマ）が、「ゲーム理論」です。このゲーム理論は、ほとんど毎年出題されています。ゲーム理論は、確実にマスターしなければなりません。ただし、過去問には、相当高いレベルの内容も出題されていますので、まずは講義で説明した程度の内容を取り扱った過去問をしっかりと理解しておいてください。

　他のテーマでは、複占市場均衡が、よく出題されています。ただし、この複占市場について理解するためには、まず独占市場の均衡を理解する必要があります。それ以外の論点については、それほど頻出というわけではありません。ただし、不完全競争市場は、経済学として全般的に重要度が高いので、今後は十分に出題される可能性があります。まず独占市場均衡が基礎になりますので、しっかりと理解しておいてください。

3 学習のポイント

- 独占市場均衡：独占市場の余剰分析を正確に行うことができるようにしましょう。
- 複占市場：クールノー均衡を中心に理解しましょう。
- ゲーム理論：最重要論点ですから、ナッシュ均衡を中心に理解しましょう。
- 独占的競争市場：図を理解しておきましょう。

1 独占市場
独占企業の総収入

学習事項 総収入線

このテーマの要点

独占企業の生産量と総収入（売上）の関係を理解する！

独占企業は、価格支配力を有します。そのため、消費者にたくさん販売しようとすれば価格を下げざるを得ず、販売量を減らせば価格を引き上げることができます。このように価格支配力を有することを「プライスメーカー」といいます。以前にプライステーカー（価格受容者）という言葉を学習しました。プライステーカー（価格受容者）とは、多くの消費者や生産者が市場に存在するために、各主体は市場価格に対

> 独占企業
> ⇩
> まず利潤最大化の生産量を決め…
> ⇩
> その後に価格を決める！！
> ⇩
> ここでは総収入を理解する！！

する影響力がなく、市場で決定された価格を所与のものとして行動するという意味でした。しかし、独占などの不完全競争市場では、各生産者（企業）は、価格に対する影響を行使することができます。そのため、まず利潤を最大化するように生産量を決定し、その後に価格を決定するという順序で行動することになります。

こうした特徴を有する独占市場の取引について、ここではまず独占企業が得る総収入（売上）を学習します。

過去問 トライアル	オリジナル問題
	独占企業の総収入
類題の状況	－

独占企業の総収入を表す図として、最も適切なものはどれか。ただし、独占市場の需要曲線は一般的な右下がりの直線であるとする。

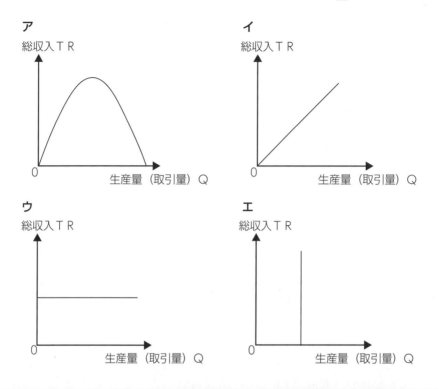

ア
総収入TR

生産量（取引量）Q

イ
総収入TR

生産量（取引量）Q

ウ
総収入TR

生産量（取引量）Q

エ
総収入TR

生産量（取引量）Q

1 独占市場の需要曲線

　独占市場では、多くの消費者が存在しており、市場需要曲線Dは右下がりとなります。

【4-1-1　独占市場の需要曲線】

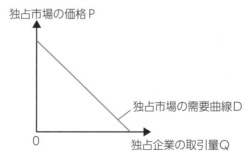

独占市場の価格P

独占市場の需要曲線D

0　　　　　　　独占企業の取引量Q

4

不完全競争市場

2 　独占企業の総収入（Total Revenue：ＴＲ）

　独占企業のみならず、企業が価格支配力を持つ場合には、収入曲線は一般に下図のような形状となります。

【4-1-2　独占市場の収入曲線】

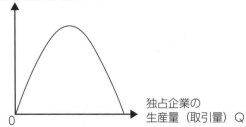

3 　独占企業の限界収入（Marginal Revenue：ＭＲ）

　限界収入ＭＲとは、ある状態から生産量を１単位増加させた場合の追加的な収入の大きさを意味します。

Example

・生産量100本　　総収入ＴＲ＝売上＝1,000円
・生産量101本　　総収入ＴＲ＝売上＝1,100円（＋100円の増加）

　このように、ある財の生産量が100本から101本へと１本だけ増加した場合、総収入が1,000円から1,100円へと100円だけ増加しています。このとき限界収入ＭＲは100円となります。そして、この限界収入ＭＲは、総収入曲線ＴＲの接線の傾きで表されます。

【4-1-3　独占企業の限界収入】

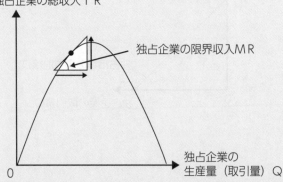

4 独占市場の需要曲線Dと限界収入曲線MRの関係

　以下では、ある財の市場需要曲線が与えられた場合の限界収入曲線MRの導出について説明していきます。例えば、ある財の市場需要曲線が以下のように与えられたとします。

　　　市場の需要曲線D　⇒　$P = -aD + b$

ここで、まず独占企業の総収入を求めますので、価格Pと消費量Dを掛け算します。

　　　独占企業の総収入TR　⇒　$TR = P \cdot D = (-aD + b)D = -aD^2 + bD$

さらに、総収入TRを消費量Dで微分して限界収入MRを求めます。

　　　独占企業の限界収入MR　⇒　$MR = -2aD + b$

　以上の計算から、市場需要曲線が与えられた場合、独占企業の限界収入曲線MRは、縦軸切片は共有し、傾きが2倍になっていることがわかります。

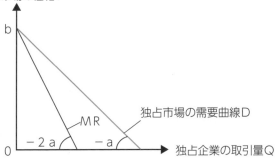

　＊　独占企業の限界収入MRは、市場の需要曲線Dの傾きを2倍にすればよいのです。

　　　（ただし、市場の需要曲線は直線であるとします。）　⇒　傾き2倍でMR!!

🔑 Keyword

▶　限界収入MR

　限界収入MRとは、ある状態から生産量を1単位変化させたときに、総収入TRがどれくらい変化するかを意味します。

過去問 トライアル解答　　ア

☑チェック問題

　独占市場の需要曲線を右下がりの直線であるとすると、限界収入曲線はその傾きを2倍にして描かれる。　　　　　　　　　　　　　　　　　　⇒○

4

不完全競争市場

2 独占市場
独占企業の利潤最大化

学習事項 独占企業の利潤最大化条件

このテーマの要点

独占企業にとって利潤を最大にする生産量は？

ここでは、独占企業が、利潤を最大化する生産量をどのように決定するかについて説明します。この条件については、独占企業だけでなく不完全競争市場で取引を行う企業全般に成り立つものです。すなわち、プライスメーカーとして行動する場合には、基本的にすべて同一の条件となります。ですから、ここで学習した内容は、今後の不完全競争市場均衡について理解する際にも登場します。しっかりと理解しましょう。

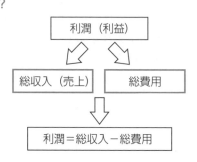

過去問 トライアル	平成26年度　第19問
	独占企業の利潤最大化
類題の状況	－

下図は、独占市場におけるある企業の短期の状況を描いたものである。ACは平均費用曲線、MCは限界費用曲線、Dは需要曲線、MRは限界収入曲線であり、独占企業が選択する最適な生産量は、MCとMRの交点で定まるWとなる。この図に関する説明として最も適切なものを下記の解答群から選べ。

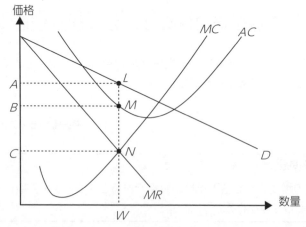

〔解答群〕

ア この独占企業が得る利潤は、□ALMBで示される。

イ この独占企業が得る利潤は、□ALNCで示される。

ウ 生産量Wのとき、限界収入曲線が平均費用を下回るため、□BMNCの損失が発生する。

エ 生産量Wのとき、需要曲線が平均費用を上回るため、□ALMBの損失が発生する。

1 独占企業の利潤最大化の図解

独占企業に限らず、一般に企業の利潤πは、収入から費用を引いて求められます。

> 企業の利潤π＝総収入ＴＲ－総費用ＴＣ

したがって、独占企業にとって、利潤が最大になるのは、総収入ＴＲと総費用ＴＣの差が最も大きい状況であると考えることができます。

この点について図を用いて考えると、独占企業の利潤が最大になるのは、総収入曲線ＴＲの接線の傾きと総費用曲線ＴＣの接線の傾きが一致する場合であるということになります。

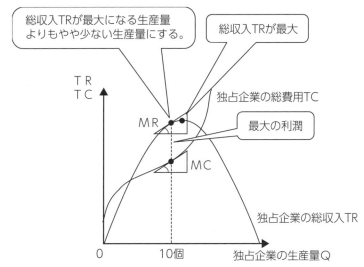

（利潤最大化の生産量）

例えば、上図において、利潤最大化の生産量は10個となります。10個生産した場合の利潤が最大の利潤となるのです。この10個という数量よりも生産量が多すぎても少なすぎても利潤は減少してしまいます。

　総収入曲線ＴＲの接線の傾きは、限界収入ＭＲとなります。また、総費用曲線Ｔ
Ｃの接線の傾きは限界費用ＭＣとなります。したがって、独占企業の利潤最大化条
件は、限界収入ＭＲと限界費用ＭＣの一致ということになります。

> 独占企業の利潤最大化条件：限界収入ＭＲ＝限界費用ＭＣ

　この限界収入ＭＲと限界費用ＭＣの一致によって利潤が最大化されるというの
は、不完全競争市場全般に成立する条件となります。
　上記の関係について、具体例を用いて直感的に説明します。
（ケース１）限界収入ＭＲ＝100円　＞　限界費用ＭＣ＝80円
　　⇒　生産量を１単位増加させると、総収入ＴＲは100円上昇し、総費用ＴＣは
　　　80円上昇します。
　　⇒　つまり、差額の20円だけ利潤が増加しますので、まだ現状では利潤が増え
　　　る余地があり、最大になっていません。
（ケース２）限界収入ＭＲ＝80円　＜　限界費用ＭＣ＝100円
　　⇒　生産量を１単位減少させると、総収入ＴＲは80円低下し、総費用ＴＣは
　　　100円低下します。
　　⇒　つまり、差額の20円だけ利潤が増加しますので、まだ現状では利潤が増え
　　　る余地があり、最大になっていません。
（ケース３）限界収入ＭＲ＝100円　＝　限界費用ＭＣ＝100円
　　⇒　生産量を１単位増加させると、総収入ＴＲは100円上昇し、総費用ＴＣも
　　　100円上昇します。
　　⇒　つまり、利潤が増える余地がなく、この状態が最大となります。

♂ Keyword

▶　独占企業の利潤最大化
　独占企業は、利潤を最大化するために、限界収入ＭＲと限界費用ＭＣの一致
によって生産量を決定します。

過去問　トライアル解答　▷　ア

☑チェック問題

　ある独占企業が利潤を最大化する場合、売上高を最大にするよりも生産量は多くなる。　　　　　　　　　　　　　　　　　　　　　　　⇒×

▶　生産量は少なくなる。

3 独占市場
価格差別（差別独占）

学習事項 独占市場の価格差別（差別独占）

このテーマの要点

電車運賃の大人料金と子供料金はなぜ違う！

価格差別（差別独占）とは、同じ財やサービスについて企業が異なる価格を設定することを意味します。

この価格差別の典型例としては、電車の運賃が挙げられます。電車の運賃は、大人と子供では異なります。なぜこのように価格を分けるのかというと、その方が独占企業は利潤が多くなるからです。均一価格を付けるよりも価格を分けて付ける方が儲かります。

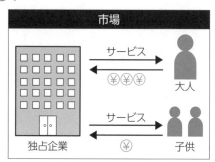

しかし、そもそも価格を分けて設定するためには条件が必要になります。そこで、ここでは価格を分けて付けることができるための条件や、どういう基準で価格を分けるかについて説明します。需要の価格弾力性が重要な意味を持ちますので、覚えておきましょう。

過去問 トライアル	平成27年度　第19問
	需要の価格弾力性と価格設定
類題の状況	R01-Q13　H20-Q12(1)

企業は、供給する財の価格を決定するとき、消費者の価格弾力性を考慮に入れることがある。

いま、ある企業が2つの市場Aと市場Bにおいて同一の財を独占的に供給している。当該企業は、2つの市場において同一かつ一定の限界費用でこの財を生産しているが、2つの市場で異なる価格を設定することができる。ただし、各地域内では、消費者ごとに価格を差別することはできないものとする。

この財への需要は、市場Aと市場Bでは異なり、市場Aでの需要の価格弾力性は、市場Bでの需要の価格弾力性よりも相対的に低い（相対的に非弾力的である）。

このときの記述として、最も適切なものの組み合わせを下記の解答群から選べ。

a　合理的な独占企業は、限界収入と限界費用が一致する生産量を選択する。

b　合理的な独占企業は、需要曲線が示す価格と限界費用が一致する生産量を選択する。

c　需要の価格弾力性が高い市場Bの価格は、市場Aの価格よりも高くなる。

d　需要の価格弾力性が低い市場Aの価格は、市場Bの価格よりも高くなる。

〔解答群〕

ア　aとc

イ　aとd

ウ　bとc

エ　bとd

1 価格差別（差別独占）の意義

価格差別（差別独占）とは、同じ財やサービスに対して異なる価格を設定することを意味します。この価格差別の具体例としては、電車の運賃（大人料金と子供料金）、公共料金（昼間と夜間）などが挙げられます。

そもそも、なぜ（独占）企業が価格を分けて設定するのかというと、同じ価格を付けるよりも儲かるからです。

しかし、価格を分けて設定するためには、いくつかの条件が必要になります。例えば、財やサービスについて転売ができないという条件が必要になるのです。仮に転売ができてしまうと、事実上、価格を分けたことになりません。例えば、子供ならば大人の半額で購入できるペンがあれば、大人は子供に半額で買いに行かせて、その価格で買い取ってしまえば、事実上大人が半額で購入したことになってしまうのです。

また、価格を分けて設定するとなぜ儲かるのかについての説明は、非常に複雑になるので、単純にそうなるものであると記憶しておいてください。

2 価格差別（差別独占）の場合の価格決定について

以下では、独占企業が異なる市場において、どのような基準で価格を決めるかについて説明します。

①需要の価格弾力性

需要の価格弾力性とは、価格の変化に対する需要の変化を意味しますが、要するに、お客の反応を調べるものなのです。お客の反応がよければ、弾力性は大きくなります。逆にお客の反応が鈍ければ、弾力性は小さくなります。

❷ 独占企業の価格設定

　独占企業は、価格支配力を有するため、1つの市場を分断して異なる価格を設定することができます。このとき、分断後の市場においてどのように価格を設定するかについては需要の価格弾力性が影響します。

> 需要の価格弾力性が小さい市場　……高価格
> 需要の価格弾力性が大きい市場　……低価格

　この点について、電車の運賃を用いて説明します。

　例えば、大人の市場は、一般に需要の価格弾力性が小さいと考えられます。なぜなら、大人の場合、価格（運賃）が上がっても、あまり消費量（需要量）は減らさないと考えられるからです。その結果、独占企業は、価格を高く設定することができます。

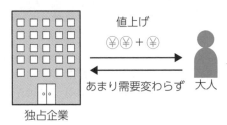

　次に、子供の市場は、一般に需要の価格弾力性が大きいと考えられます。なぜなら、子供の場合、価格（運賃）が少し上がると、たくさん消費量（需要量）を減らしてしまうと考えられるからです。子供は、少し運賃が上がると、電車を利用しなくなってしまいます。

　その結果、独占企業は、価格を高く設定できず、低価格となります。

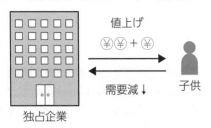

🔑 Keyword

▶　価格差別（差別独占、差別価格）

　価格差別（差別独占、差別価格）とは、同じ財やサービスに対して異なる価格を設定することを意味します。

☑チェック問題

　価格差別が可能となるためには、分断された市場間で、財やサービスの転売が可能であることが条件となる。　　　　　　　　　　　　　　　　　⇒×

▶　転売が不可能であることが条件となる。

4
不完全競争市場

4 独占市場
独占市場均衡

学習事項 死荷重，プライスメーカー

このテーマの要点

独占市場はなぜ良くないか！

わが国には、独占禁止法があります。独占はなぜ良くないのか。経済学の視点からは、余剰分析を用いて説明されます。そこで、ここでは独占市場の余剰分析を行い、独占市場の非効率性（死荷重）について説明することにします。独占企業は、価格支配力を有します（プライスメーカー）。そのため、意図的に生産量を減らすことによって、市場価格を吊り

独占企業
⇩
過少生産となる！！
⇩
死荷重が発生する！！

上げることができます。これは独占企業にとっては望ましい状況ですが、私たち消費者にとっては望ましくありません。そして、市場全体としても望ましくありません。そこで、ここではこうした点について、図を用いて学習していきます。

過去問トライアル	平成30年度　第13問
	独占市場均衡
類題の状況	R05-Q19(再)　R03-Q19　H26-Q19　H13-Q24

下図は、独占企業が生産する財の需要曲線D、限界収入曲線MR、限界費用曲線MCを示している。この図に関する記述として、最も適切なものの組み合わせを下記の解答群から選べ。

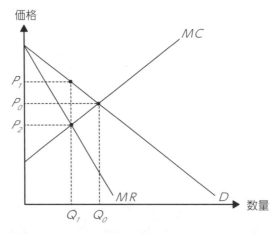

a 独占企業が利潤を最大にするとき、完全競争を想定した場合と比較して、消費者余剰は減少する。

b 独占企業が利潤を最大にするとき、完全競争を想定した場合と比較して、総余剰は増加する。

c 独占企業の利潤が最大になる生産量はQ_1であり、そのときの価格はP_1である。

d 独占企業の利潤が最大になる生産量はQ_1であり、そのときの価格はP_2である。

〔解答群〕

ア aとc

イ aとd

ウ bとc

エ bとd

1 独占市場均衡の流れ

独占企業は、価格支配力を有しますので、まず自社の利潤を最大化するように生産量を決定します。具体的には、限界収入ＭＲと限界費用ＭＣの一致によって利潤最大化の生産量を決定します。そして、この生産量が決まったら、その後は消費者が支払ってくれる最大の価格を設定します。

【4-4-1 独占企業の価格決定の流れ】

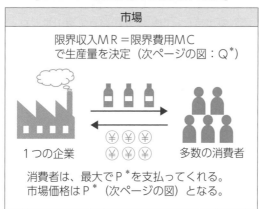

市場

限界収入ＭＲ＝限界費用ＭＣ
で生産量を決定（次ページの図：Q^*）

１つの企業　　　　　　多数の消費者

消費者は、最大でP^*を支払ってくれる。
市場価格はP^*（次ページの図）となる。

なお、完全競争市場では価格が市場で決定され、その後に利潤を最大化する生産量が決定されます。

2　独占市場均衡の余剰分析

以下では、独占市場の余剰分析を行います。

①独占企業の価格決定と総余剰

下図のように、まず、独占企業は、限界収入ＭＲ＝限界費用ＭＣで利潤最大化の生産量をQ^*と決定します。そして、この生産量を市場需要曲線に対応させて市場価格をP^*とします。

このとき、消費者余剰は△AE^*P^*となり、生産者余剰は□P^*E^*CBとなり、総余剰は□AE^*CBとなります。

【4-4-2　独占企業の価格決定と総余剰】

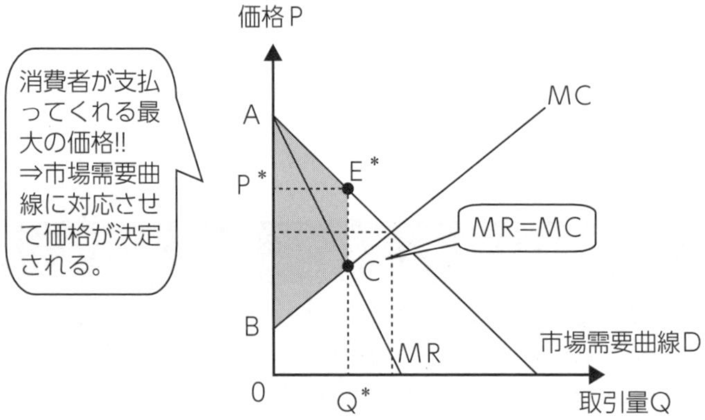

②独占市場の死荷重

ここで、完全競争市場と同様の条件ならば、価格と限界費用の一致で生産量を決定します。つまり、限界費用ＭＣ＝市場需要曲線Ｄで取引量がQ_1となります。また、このとき、総余剰は、図形ＡＥＢとなります。以上より、結局、独占市場均衡の場合、総余剰が、△E^*ECだけ減少していることになります。つまり、死荷重は△E^*ECとなります。独占市場の場合、過少生産となり、失業や遊休設備が発生し、資源配分が非効率になります。

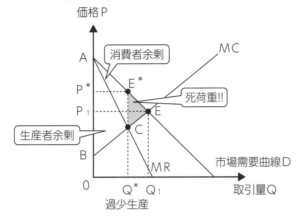

【4-4-3 独占市場均衡の死荷重】

　完全競争市場よりも独占市場の方が、総余剰が△E*ECだけ減少していることになり、資源配分が非効率になってしまっています。

✒️ Keyword

▶ プライステーカーとプライスメーカー

　完全競争市場では、価格は市場全体の需要と供給の一致によって決定され、個々の消費者や生産者は、その市場で決定された価格を所与のものとして行動します。これをプライステーカー（価格受容者）といいます。一方、独占企業などの不完全競争市場で取引する企業は、価格を支配することができます。これをプライスメーカーといいます。例えば、生産量を減らすことによって、価格を高めに設定することができます。

過去問 トライアル解答　▶ ア

☑️チェック問題

独占市場均衡の場合、効率的な資源配分が実現する。　　　　　　　⇒×

▶ 死荷重（余剰の損失）が発生する。

4
不完全競争市場

5 複占市場
複占市場

学習事項 反応曲線，クールノー均衡，シュタッケルベルク均衡，ベルトラン均衡

このテーマの要点

２社で生産する場合の取引はどうなるか

複占市場とは、２社で供給される市場です。このとき、独占企業と同様に２つの企業は価格支配力を有し、限界収入と限界費用の一致によって利潤最大化の生産量を決定します。

また、この２社において供給される場合、どのような基準で各企業の生産量が決まるかについては、「クールノー均衡」と「シュタッケルベルク均衡」の２つが有名ですが、受験上は「クールノー均衡」の方が大切になります。「クールノー均衡」については、しっかりと理解しておいてください。

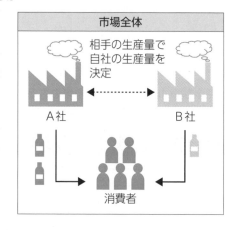

市場全体

相手の生産量で自社の生産量を決定

A社　　　　　B社

消費者

過去問 トライアル	平成15年度　第19問
	複占市場均衡
類題の状況	H24-Q20　H22-Q18　H17-Q14

２社によって製品を供給する複占市場に関する記述として、最も適切なものの組み合わせを下記の解答群から選べ。

a 他企業の価格を所与として、両企業とも自社の価格を最適化して利潤最大化しようと競争しているとき、この競争による均衡をベルトラン・ナッシュ均衡という。

b 他企業の生産量を所与として、両企業とも自社の数量を最適化して利潤最大化しようと競争しているとき、この競争による均衡をベルトラン・ナッシュ均衡という。

c 一方が大企業で能動的に生産量を決め、他方が大企業の生産量を所与とし、受動的に自社の生産量を決めるとき、この競争による均衡をシュタッケルベル

ク均衡という。

d　一方が大企業で能動的に価格を決め、他方が大企業の価格を所与とし、受動的に自社の価格を決めるとき、この競争による均衡をシュタッケルベルク均衡という。

〔解答群〕

ア　aとc　　**イ**　aとd　　**ウ**　bとc　　**エ**　bとd

1 反応曲線

　反応曲線とは、相手の企業の生産量が与えられた場合の、自社の利潤最大化の生産量の組み合わせを表す曲線です。

　例えば、相手企業の生産量が20万本なら、自社の生産量は10万本にします。また、相手企業の生産量が15万本なら自社の生産量は20万本にします。

　このように相手の生産量が減少すると、自社の利潤最大化の生産量は増えます。市場には２社しか存在しないわけですから、相手企業の体力が低下し生産量が少なくなってくれば、自社の利潤最大化の生産量は増加するのです。

　こうした関係を図にしたものが、反応曲線Ｒであり、一般に各企業の反応曲線は右下がりとなります。

【4 - 5 - 1　反応曲線Ｒ】

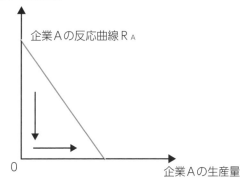

企業Ｂの生産量

企業Ａの反応曲線Ｒ_Ａ

0　　　　　　　　　　　　　　　企業Ａの生産量

　クールノー均衡とは、相手の生産量を所与のものとして自社の利潤最大化を図る場合の生産量の組み合わせを意味します。

　クールノー均衡は、反応曲線の交点となります。例えば、次の図において、2つの企業（企業A、企業B）の反応曲線がそれぞれ右下がりで描かれています。そして、この2つの反応曲線の交点でクールノー均衡Eが実現します。

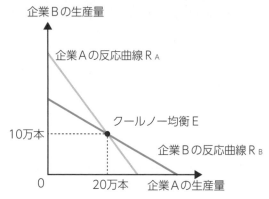

【4-5-2　クールノー均衡】

　この場合、クールノー均衡Eにおいては、企業Aの利潤最大化の生産量が20万本、企業Bの利潤最大化の生産量が10万本となります。

　このようにクールノー均衡では、2つの企業の利潤最大化の生産量が同時に決定されます。

3 その他の複占市場均衡

① シュタッケルベルク均衡

　シュタッケルベルク均衡とは、どちらかの企業が先導者（リーダー）となり、どちらかの企業が追随者（フォロワー）となる場合の生産量の組み合わせを意味します。

　なお、クールノー均衡では、先導者と追随者という区別が行われません。

② ベルトラン均衡

　ベルトラン均衡とは、相手の価格を所与のものとして自社の利潤最大化を図る場合の価格の組み合わせを意味します。例えば、相手の企業が～円と設定したならば、自社の利潤最大化の価格を～円とするという具合です。

🔑 Keyword

▶ クールノー均衡

　クールノー均衡とは、互いに相手の生産量を所与のものとして利潤最大化を実現した場合における各企業の生産量の組み合わせを意味します。

過去問 トライアル解答 ア

☑チェック問題

　ある製品の市場で競合している寡占企業2社A、Bを考える。両者は、コスト構造が同じで、生産量を戦略変数として競争している。それぞれの反応関数は、下図のように表されている。このとき、クールノー均衡にしたがった場合、2つの企業の生産量は等しくなる。　　　　　　　　　　　　　　⇒○

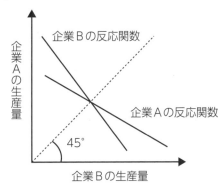

▶ クールノー均衡は、反応曲線の交点で示される。この交点は、45度線上にあるので、2社の生産量は等しくなる。

4 不完全競争市場

ゲーム理論
⑥ ゲーム理論

学習事項 利得行列，ナッシュ均衡，囚人のジレンマ

このテーマの要点

動くに動けぬナッシュ均衡！

　本テーマでは、企業がどんな戦略を採るべきかについて分析する理論であるゲーム理論について学びます。ここでは、各参加者が互いに協力をしない場合（非協力ゲーム）について取り上げ、その答えとして重要なナッシュ均衡を中心に学びます。ナッシュ均衡とは、他の参加者の戦略を所与として、各参加者が最適な戦略を採っている状態のことであり、自分ひとりが戦略を変えても今以上に得することはできない状態です。

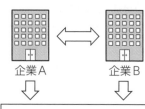

過去問 トライアル	令和5年度　第22問
	ゲーム理論
類題の状況	R04-Q20　R02-Q22　H30-Q21　H29-Q17　H27-Q20 H26-Q22　H25-Q21　H24-Q23　H22-Q11　H20-Q17(2) H19-Q15(1)(2)　H18-Q13(1)　H16-Q11

　特定の財の市場において競合関係にある企業同士が、同一価格での販売を約束するカルテルを結ぶことは、互いの企業にとって有利となる場合がある。ここで企業Xと企業Yは、それぞれ一定の販売価格で合意したカルテルを守るか、あるいはそれを破ってより低い価格で販売するかを選択するものとする。

　下表は、両企業の利得表であり、カッコ内の左側が企業Xの利得、右側が企業Yの利得を表している。このゲームに関する記述として、最も適切な組み合わせを下記の解答群から選べ。

		企業Y	
		カルテルを守る	カルテルを破る
企業X	カルテルを守る	(50，40)	(−20，60)
	カルテルを破る	(60，−20)	(0，0)

a　企業Xが「カルテルを守る」場合において、企業Yの最適反応は「カルテルを破る」である。

b　企業Yが「カルテルを守る」場合において、企業Xの最適反応は「カルテルを守る」である。

c　このゲームにおけるナッシュ均衡は、企業X、企業Yともに「カルテルを守る」ケースである。

d　このゲームにおけるナッシュ均衡は、企業X、企業Yともに「カルテルを破る」ケースである。

〔解答群〕

ア　aとc

イ　aとd

ウ　bとc

エ　bとd

1　利得行列

　利得行列は、ゲームの参加者が各戦略を採った場合に、参加者の利益がいくらになるかをまとめた表です。以下の例では、2つの企業（企業A、企業B）が各企業の戦略を決定する場合の利得行列を示しています。

【4-6-1　企業A、企業Bの利得行列】

企業Aの戦略＼企業Bの戦略	価格引き下げ	価格据え置き
価格引き下げ	(25, 20)	(45, 5)
価格据え置き	(10, 40)	(40, 30)

＊　(左の数値, 右の数値) ＝ (企業Aの利益, 企業Bの利益)

　ナッシュ均衡とは、他の参加者の戦略を所与として、各参加者が最適な戦略を採っている状態のことです。言い換えれば、ナッシュ均衡は、自分ひとりが戦略を変えても得することはできない状況だといえます。そのため、各参加者は自分の戦略を変える必要性がなく、均衡（安定な状態）になっています。なお、ナッシュ均衡となる戦略の組み合わせは1通りになるとは限らず、複数ある場合があります。

　上記の例で、ナッシュ均衡を探してみましょう。相手の戦略ごとに自分の最適な戦略を考えて、そのときの組み合わせがすべての参加者で一致する場合がナッシュ均衡です。

❶ 企業Aの最適な戦略を考える

　　　企業Bが"価格引き下げ"　⇒　企業Aは"価格引き下げ"が最適

　　　企業Bが"価格据え置き"　⇒　企業Aは"価格引き下げ"が最適

　この例の企業Aの"価格引き下げ"のように別の参加者の戦略によらずに最適となる戦略を支配戦略といいます。

❷ 企業Bの最適な戦略を考える

　　　企業Aが"価格引き下げ"　⇒　企業Bは"価格引き下げ"が最適

　　　企業Aが"価格据え置き"　⇒　企業Bは"価格引き下げ"が最適

　この場合にも、企業Bにとって「価格引き下げ」戦略は支配戦略となります。

❸ 一致する組み合わせの抽出

　ナッシュ均衡は、企業Aと企業Bが同時に「価格引き下げ」戦略を採用した場合となります。

---

3 パレート最適と囚人のジレンマ

❶ パレート最適

　パレート最適とは、誰かの利益を犠牲にしなければ他の誰かの利益を高めることができない状態のことです。言い換えると、互いにとって同時に最も望ましい状況になっているということを意味します。

　図表4-6-1の利得表を改めて確認してみましょう。上述のように、ナッシュ均衡は、互いの企業が同時に「価格引き下げ」戦略を採用した場合となります。このとき企業Aの利得は25、企業Bの利得は20となります。しかし、仮に互いに結託をして同時に「価格据え置き」戦略を採用すれば、企業Aの利得は40、企業Bの利得は30となります。つまり、互いに結託すれば、互いにとってナッシュ均衡の状況よりも利得を増やすことができます。

②囚人のジレンマ

図表4-6-1の利得表によると、ナッシュ均衡とパレート最適な状況が異なります。このとき、囚人のジレンマという状況に陥ります。囚人のジレンマとは、個々の参加者が相手の戦略を考えて最適な戦略を採った場合、すなわちナッシュ均衡のときの戦略が、全体として考えた場合に必ずしも最適ではないというジレンマです。

この点、説明が複雑になりますので、簡単に覚えておいてください。

♂ Keyword

▶ **ナッシュ均衡と支配戦略**

ナッシュ均衡とは、互いに相手の戦略を所与として、最適な戦略を選択する場合の戦略の組み合わせを意味します。また、支配戦略とは、相手の戦略に無関係に必ず選ばれる戦略を意味します。

過去問 トライアル解答

☑チェック問題

近接した2つの商店AとBがあり、両店とも、戦略は「安売り」と「平常通り」の2通りあるものとする。このとき、両店が同時に戦略を決定するものとし、利得行列が以下の表のようになっているものとする。たとえば、商店Aが「安売り」をし、商店Bが「平常通り」の場合、両店の利得はそれぞれ10と0になる。1回限りのゲームとして考えた場合、ナッシュ均衡は、（安売り，安売り）である。

		商店Bの戦略	
		安売り	平常通り
商店Aの戦略	安売り	（2，2）	（10，0）
	平常通り	（1，6）	（4，3）

⇒○

7 独占的競争市場
独占的競争市場

学習事項 差別化，短期均衡，長期均衡

このテーマの要点

豪華なクリスマスディナーは儲かる！

ここでは、独占的競争市場均衡を説明します。キーワードは、差別化という言葉です。独占的競争市場というのは、多くの生産者と多くの消費者で構成されます。この点だけを考えれば、競争市場となります。しかし、各企業が差別化された財やサービスを供給しているのです。ここでは、差別化の例として、他のホテルでは食べられない豪華なディナーを提供するホテルでの取引を考えます。

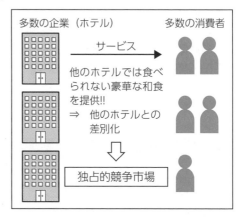

過去問 トライアル	平成22年度　第12問
	独占的競争市場
類題の状況	R04-Q17　R02-Q20　H14-Q23

下図は、独占的競争下にある企業の短期均衡を描いたものである。Dは需要曲線、MRは限界収入曲線、ACは平均費用曲線、MCは限界費用曲線である。このとき、利潤最大化を前提とした価格はP_0、取引量はQ_0に決定される。この図の説明として、最も適切なものの組み合わせを下記の解答群から選べ。

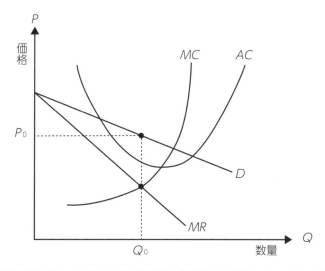

a　独占的競争では、少数の企業が相互に差異化した財・サービスを供給する。

b　MR＝MCが成り立つところで利潤が最大になり、P＞ACであるために企業の利潤は黒字になる。

c　短期均衡において企業の利潤が黒字であるために、新たな企業の参入が生じ、1社当たりの需要が減少して需要曲線が左方にシフトする。

d　企業の利潤が黒字であるかぎり、新規参入が継続し、短期均衡における利潤はゼロになる。

〔解答群〕

ア　aとb　**イ**　aとc　**ウ**　bとc　**エ**　bとd

1 独占的競争市場の意義

　独占的競争市場とは、消費者、生産者が多数存在し、市場への参入退出も自由であるけれども、財やサービスが差別化されている市場を意味します。

　このように財やサービスの差別化が生じているために、企業は独占的地位を確保できるのです。ここで差別化とは、他社と異なる機能やデザインを持った製品を作ることを意味します。このように差別化されてしまう消費者（顧客）にとっては、この製品じゃなきゃ嫌だ（他じゃダメ）と考えるようになるので、価格が高くても買うのです。

4

不完全競争市場

いま、ホテルAの顧客の行動を表す需要曲線をdとします。そして、短期的には、このホテルは財やサービスが差別化（例えば和食）されていますので、その結果、独占的地位を確保することができます。

この場合、このホテルAは、超過利潤を得ることができます。このホテルには、100人の顧客が、１泊20,000円で宿泊します。また、平均費用は15,000円かかるために、超過利潤が発生します。

【4-7-1　ホテルAの超過利潤】

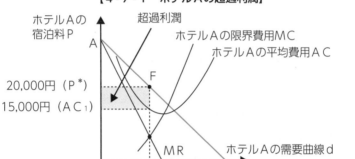

したがって、独占企業と同様に限界収入MRと限界費用MCの一致によって利潤最大化の生産量を決定します。

限界収入MR＝限界費用MC：点F　（生産量q*，価格P*）

来年以降は、新規企業が参入してくることが考えられます。具体的には、他のホテルも同じ和食を提供します。この参入は超過利潤が発生している限り続きます。したがって、長期的には超過利潤がゼロ、すなわち価格＝平均費用となるところで市場は均衡します。すなわち、このホテルAの顧客が減少します。Aホテルの需要曲線dが左シフトします。その結果、平均費用AC₂と接します。

【4-7-2 ホテルAの長期均衡】

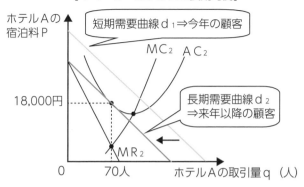

このホテルには、70人の顧客が、1泊18,000円で宿泊しています。また、平均費用も18,000円かかるために、超過利潤がゼロになります。

♂ Keyword

▶ 独占的競争市場の意義

独占的競争市場では、財やサービスが差別化されているために、短期的には超過利潤を獲得することができます。一方、長期的には他社が参入してくるので、競争が激化し超過利潤が消滅します。

過去問 トライアル解答　**ウ**

☑チェック問題

独占的競争市場においては、短期的に超過利潤を獲得することができるが、長期的には超過利潤がゼロになる。　　　　　　　　　　　　⇒○

MEMO

第 **5** 分野

市場の失敗

市場の失敗

1 各テーマの関連

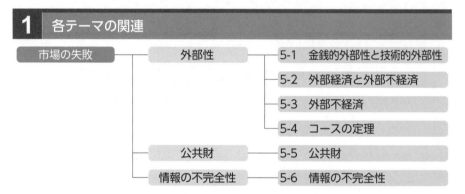

本章では、市場の失敗について説明します。そもそも市場の失敗とは、民間市場の欠陥を意味します。本来、民間市場で自由競争を行うと、最適な資源配分（最適な取引量）が実現するはずです。「民間にできることは民間に！！」です。しかし、場合によっては、民間の自由競争では、最適な資源配分が実現しないことがあります。これが、市場の失敗と呼ばれるものです。したがって、市場の失敗が生じる場合には、政府が市場に介入する必要があります。

外部性とは、他の経済主体に与える影響を表す言葉です。この典型例が、公害です。ある工場で生産活動を行うことによって、その近隣で生活する住民たちに甚大な被害を与えてしまうことがあります。これが外部不経済です。

また、公共財とは、道路や公園、花火大会など政府が供給する財やサービスです。いずれも社会にとって必要なものですが、民間では供給されないため、政府が民間に代わって供給します。

最後に、情報の不完全性とは、消費者と生産者の間の情報格差を意味します。例えば、自動車保険の加入に関して、保険会社が運転手の運転状況などの情報を入手できない場合には、情報の不完全性が生じていると考えられます。こうした情報の不完全性が生じると、取引自体が非効率になってしまいます。

① 出題傾向

#	テーマ	H26	H27	H28	H29	H30	R01	R02	R03	R04	R05
5-1	金銭的外部性と技術的外部性										
5-2	外部経済と外部不経済					1			1		
5-3	外部不経済	1		1				1			2
5-4	コースの定理										
5-5	公共財				1		1		1		1
5-6	情報の不完全性						1			1	1

② 対策

　市場の失敗については、全般的に重要度は高いといえます。他の章と比較すると、相対的に出題頻度は高いといえるでしょう。特に、「外部性」、「情報の不完全性」は最重要論点であるといえます。情報の不完全性は、頻繁に出題されており、今後もこの傾向は継続すると思われます。

　情報の不完全性は、確実にマスターしなければなりません。これらの論点(テーマ)に次いで、公共財が重要となります。ただし、公共財については、「外部性」、「情報の不完全性」と比べると重要度は低くなり、過去には簡単な用語の理解が問われているだけです。そこで、この公共財については、用語を理解しておけばよいでしょう。

3 学習のポイント

- 外部性：余剰分析について図を用いて理解しましょう。
- 公共財：公共財の定義を理解しましょう。
- 情報の不完全性：逆選択、モラルハザードについて理解しましょう。特にレモンの原理は重要論点となりますので、しっかりと理解しておきましょう。

5

市場の失敗

外部性

金銭的外部性と技術的外部性

学習事項 金銭的外部性，技術的外部性

このテーマの要点

ゴミ処理場建設による住民の不利益は！

そもそも外部性とは、他の経済主体に与える影響を意味し、社会の中に数多く存在します。

例えば、公害の問題などは典型例です。ある町の工場が操業することによって多くの地域住民の健康に甚大な影響を与えてしまうことがあります。これは悪い影響となります。反対に、地域のために良い影響を与える企業もあるでしょう。

この外部性は、悪い影響を与えるか良い影響を与えるかという視点での分類と、市場を経由するかどうかという視点での分類があります。そこで、ここでは外部性について、市場を経由するかどうかで、金銭的外部性と技術的外部性に区分する分類について説明します。この2つの用語を覚えておきましょう。

過去問トライアル	平成13年度　第17問
	外部性の意義
類題の状況	H14-Q16

外部効果には外部経済と外部不経済がある。これに関する記述として最も適切なものはどれか。

ア ある財に外部経済が伴うとき、その財の供給を市場に委ねると社会的に最適な供給量を上回ってしまう。

イ ある財に外部不経済が伴うとき、その財の供給を市場に委ねると社会的に最適な供給量を上回ってしまう。

ウ 外部経済とは、ある経済主体の行動が市場を経由せず直接的に、他者にマイナスの影響を及ぼすことをいう。

エ 外部不経済とは、ある経済主体の行動が市場を経由して間接的に、他者にプラスの影響を及ぼすことをいう。

1 外部性

外部性とは、他の経済主体に影響を与えることを意味します。例えば、隣人の音楽の音がうるさい、公害の発生で体を悪くした、などといったことが挙げられます。

2 外部性の分類

外部性の分類には、①市場を経由するかどうかで分ける方法と、②良い影響か悪い影響かで分ける方法があります。本テーマでは、①市場を経由するかどうかで分ける方法について説明し、②については次のテーマで学習します。

市場を経由するかどうかで区分される外部性には、次の2種類があります。

❶ 金銭的外部性

金銭的外部性とは、市場を経由して他の経済主体に与える影響を意味します。「市場を経由する」というのは、取引の結果、損をしたり得をしたりするということをイメージしてください。

　　自己責任の問題　⇒　政府の介入不要　⇒　市場の失敗ではない!!

❷ 技術的外部性

技術的外部性とは、市場を経由しないで他の経済主体に与える影響を意味します。「市場を経由しないで」というのは、取引以前に、損をしたり得をしたりするということをイメージしてください。

　　取引以前の問題　⇒　政府の介入必要　⇒　市場の失敗となる!!

Example　技術的外部性の例：ゴミ処理場の建設

上記2つの分類において、経済学で問題とされるのは、技術的外部性です。なぜなら、これは取引以前の問題にかかわるからです。つまり、技術的外部性は市場の失敗（＝政府の登場）となり、金銭的外部性は市場の失敗にはなりません。

5 市場の失敗

🔑 Keyword

▶ 金銭的外部性と技術的外部性

　金銭的外部性とは、市場を経由して他者に影響を与えることをいい、市場の失敗にはなりません。一方、技術的外部性とは、市場を経由せずに他者に影響を与えることをいい、市場の失敗になります。

過去問　トライアル解答 ▶ **イ**

☑チェック問題

　ある経済主体の行動が市場を経由して、他の経済主体に影響を与える場合、技術的外部性が発生していることになる。　　　　　　　　　　⇒×

▶ 市場を経由するのは、金銭的外部性である。技術的外部性は、市場を経由しない。

2 外部性
外部経済と外部不経済

学 習 事 項 外部経済と外部不経済の用語

このテーマの要点

良い影響と悪い影響とは

外部性は、良い影響を与えるか悪い影響を与えるかによって、外部経済と外部不経済に区分されます。外部経済は、良い影響を与えることを意味し、外部不経済は、悪い影響を与えることを意味します。

このように経済学としては、外部経済と外部不経済の両方がありますが、本試験で問われるのはほとんどが悪い影響である外部不経済です。ここでは、これらの用語の意味を説明しますが、受験生としては、特に外部不経済を中心に理解するようにしましょう。

```
┌─────────────────────────┐
│          外部性          │
└─────────────────────────┘
             ⇩
┌─────────────────────────┐
│   良い影響か悪い影響か？   │
└─────────────────────────┘
       ↙            ↘
┌──────────┐   ┌──────────┐
│ 良い影響  │   │ 悪い影響  │
│ 外部経済  │   │ 外部不経済 │
└──────────┘   └──────────┘
```

過去問 トライアル	平成22年度　第15問
	外部不経済の余剰分析
類題の状況	R03-Q18　H30-Q16　H24-Q21

ある財の生産において公害が発生し、私的限界費用線と社会的限界費用線が下図のように乖離している。ここで、政府は企業が社会的に最適な生産量を産出するように、1単位当たり t ＝ B G の環境税の導入を決定した。その際、社会的な余剰は、どれだけ変化するか。最も適切なものを下記の解答群から選べ。

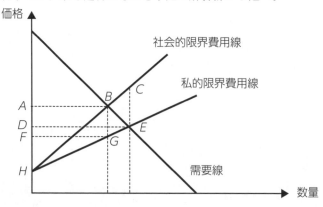

〔解答群〕

ア 三角形ＢＣＥ分の増加

イ 三角形ＣＥＨ分の減少

ウ 三角形ＣＥＨ分の増加

エ 四角形ＢＣＥＧ分の減少

オ 四角形ＢＣＥＧ分の増加

1 外部不経済

外部不経済とは、社会に悪い影響を与えることを意味します。具体的には、公害の問題などが挙げられます。

❶ PMC（Private Marginal Cost）：私的限界費用曲線

私的限界費用とは、X財を生産する各企業の限界費用曲線を足したものを意味します。

❷ SMC（Social Marginal Cost）：社会的限界費用曲線

社会的限界費用とは、私的限界費用に外部不経済を足したものを意味します。

社会的限界費用＝私的限界費用＋外部不経済

Example ペットボトル入り清涼飲料水の回収問題

社会的限界費用ＳＭＣ ＝ 私的限界費用ＰＭＣ ＋ 外部不経済による外部費用
100円／本　　　　　　80円／本　　 ＋ 20円／本：（回収コスト）

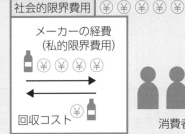

社会的限界費用 ¥ ¥ ¥ ¥ ¥

メーカーの経費（私的限界費用）¥ ¥ ¥ ¥

メーカー　回収コスト ¥　消費者

ペットボトルの回収コストが発生するとき、社会的限界費用が私的限界費用を上回ります。

例のように外部不経済が発生すると、社会的限界費用ＳＭＣが私的限界費用ＰＭＣを上回ります。

外部経済とは、社会に良い影響を与えることを意味します。具体的には、教育などが挙げられます。

Example　パソコンの専門学校が行う教育サービス

社会的限界費用ＳＭＣ ＝ 私的限界費用ＰＭＣ － 　外部経済
　　1,500円／コマ　　　　　　2,000円／コマ　　 － 500円／コマ

外部経済が発生すると、社会的限界費用ＳＭＣが私的限界費用ＰＭＣを下回ります。

⚷ Keyword

▶ 外部経済と外部不経済

　外部経済とは、他者に良い影響を与えることを意味し、外部不経済とは、他者に悪い影響を与えることを意味します。

過去問 トライアル解答 ▶ ｱ

☑チェック問題

　外部経済とは、他の経済主体にマイナスの影響を与え、外部不経済とは、他の経済主体にプラスの影響を与えるものである。　　　　　　　　　　⇒×

▶ 外部経済はプラスの影響を与え、外部不経済はマイナスの影響を与える。

MEMO

3 外部性
外部不経済

学習事項 外部不経済の余剰分析

このテーマの要点

ペットボトルの回収問題について！

本テーマでは、外部不経済が発生した場合、自由競争のケースではどのような問題が生じるのかを理解し、その上で政府の市場への介入について説明します。具体的には、外部不経済の問題が発生している場合、自由競争に委ねてしまうと過剰生産になることを説明します。

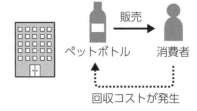

その上で、政府の課税について説明します。現実的にも、高速道路を走るディーゼル車が多すぎる場合、政府としては、何らかの課税を行うことが考えられます。

過去問 トライアル	令和2年度 第18問
	外部不経済
類題の状況	R05-Q17 R05-Q20(再) H28-Q17 H26-Q20 H18-Q16 H18-Q17(1)(2)(3)

オーバー・ツーリズムによる地域住民の生活への悪影響に対して、政府が税を使って対処することの効果を考える。下図において、Dはこの地域の観光資源に対する需要曲線、Sは観光業者の私的限界費用曲線、S′はオーバー・ツーリズムに伴う限界外部費用を含めた観光業者の社会的限界費用曲線である。

この図に関する記述として、最も適切なものの組み合わせを下記の解答群から選べ。

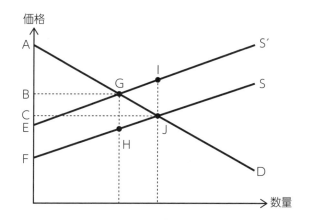

a　課税によって、観光客の余剰は四角形ＢＣＪＧだけ減少する。
b　課税によって、観光業者の余剰は四角形ＥＦＨＧだけ減少する。
c　課税によって、この地域の総余剰は三角形ＧＪＩだけ増加する。
d　課税によって、政府は四角形ＥＦＪＩの税収を得る。

〔解答群〕

ア　aとb

イ　aとc

ウ　bとc

エ　bとd

5
市場の失敗

　まず、外部不経済が発生している状況で政府が介入せず自由競争市場となっている場合の取引について説明します。具体的に、ペットボトル入り清涼飲料水を用いて説明します。このとき、市場の需要Dと私的限界費用PMCの一致によって、市場での生産量（取引量）は10万本となります。

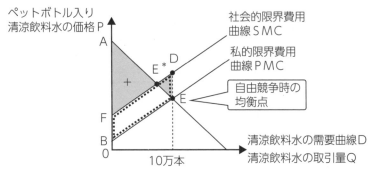

この生産量における余剰は、以下のように把握されます。

　　消費者余剰＋生産者余剰＝△AEB

　　外部性による損失（回収コスト）＝□FDEB

　　総余剰＝△AEBから□FDEBを控除した大きさ＝（△AE*F－△E*DE）

　次に、政府の介入がある場合の余剰について説明します。具体的には、政府がペットボトル入り清涼飲料水を製造しているメーカー各社に課税を行うことが考えられます。こうした政府の課税の結果、私的限界費用PMCがPMC´へと上昇します（SMC＝PMC´）。

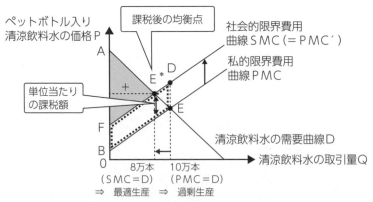

　このとき、市場の需要Dと課税後の私的限界費用ＰＭＣ′（ＳＭＣ）の一致によって、市場での生産量（取引量）は８万本となります。この生産量における余剰は、以下のように把握されます。

　　　総余剰＝△ＡＥ*Ｆ

3　課税前後の余剰の比較

　以上より、結局、課税前と比べると、△Ｅ*ＤＥだけ余剰が増加していることになり（余剰のマイナスがなくなっており）、パレート最適が実現されます。すなわち、最適な取引量となります。

⚷ Keyword

▶　外部不経済と課税

　外部不経済が発生しているとき、自由競争市場で取引を行うと最適生産量を上回り過剰生産となります。そこで、政府は課税を実施し、取引量を最適な量まで減少させるのです。

過去問　トライアル解答　　イ

☑チェック問題

　ある財の生産に伴い外部不経済が発生する場合、その財の取引を自由競争に委ねた場合、最適な生産量を下回る。　　　　　　　　　　　　　　⇒×
▶　最適な生産量を上回り、過剰生産となる。

5

市場の失敗

4 外部性
コースの定理

学習事項 ピグー税，コースの定理

このテーマの要点

問題は交渉によって解決しよう！

今までは、外部性が発生する場合、その解決として課税や補助金などの政府の介入が必要になることを説明しました。ここでは外部性の問題を互いの交渉によって解決する方策、すなわちコースの定理について説明します。

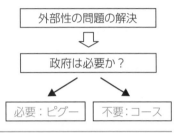

過去問 トライアル	平成16年度　第13問
	コースの定理
類題の状況	－

いわゆる外部性により、社会的費用が発生している場合について、最も適切なものの組み合わせを下記の解答群から選べ。

a　市場需要曲線と私的限界費用によって決定される供給量は、社会全体にとっての限界費用と限界便益が等しくなる水準を上回る。

b　市場需要曲線と私的限界費用によって決定される供給量は、社会全体にとっての限界費用と限界便益が等しくなる水準を下回る。

c　負の外部性が存在する場合、所有権を適切に定義することで解決可能なことを示したのが、コースの定理である。

d　負の外部性が存在する場合、政府による直接的な排出量への統制により解決可能なことを示したのが、コースの定理である。

e　負の外部性が存在する場合、政府による補助金活用により解決可能なことを示したのが、コースの定理である。

〔解答群〕

ア　aとc　　**イ**　aとd　　**ウ**　bとc　　**エ**　bとd　　**オ**　bとe

1 ピグー税

イギリスの経済学者ピグーは、外部性の問題を解決するためには、政府が市場に介入し課税（ピグー税）や補助金（ピグー補助金）を支給することが必要になると考えました。

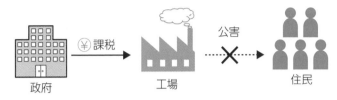

2 コースの定理

コースは、外部性の問題を解決するために政府の介入は不要であり、当事者同士の互いの交渉によって解決を図ることができるとしました（コースの定理）。

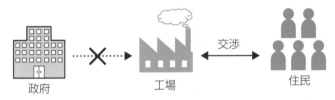

このとき、政府の介入は不要となります。ただし、互いの交渉には費用がかからないことが前提条件となります。例えば、第三者である弁護士などに依頼し弁護士費用などがかからないことが前提になるのです。あくまでも当事者同士で直接的に話し合うことになります。

Example 飛行場の騒音問題に対する航空会社と住民の交渉

まず裁判によって、どちらに権利関係を認めるのかを確定します。その後は、互いの交渉によって最適な飛行量を決定します。

この場合、互いの交渉による解決には以下の2つのケースが考えられます。

5

市場の失敗

・ケース1：住民勝訴

仮に住民勝訴の場合、つまり住民に飛行差し止めの権利が認められた場合、航空会社は住民に損害賠償金を支払います。ただし、航空会社でも従業員を抱えているので、従来よりも飛行量を減らすので飛行を続けさせてくださいとお願いします。

・ケース2：航空会社勝訴

仮に航空会社勝訴の場合、つまり航空会社に飛行する権利が認められた場合、住民は航空会社に飛行量を減らすようにお願いします。その代わり、飛行量を減らしてくれたら、住民から航空会社に補助金を支給するとします。

結局、どちらがどちらに金銭を支給しても、航空会社での最適な飛行量（取引量）が実現します。つまり、最適な資源配分が実現します。

コースの定理によると、一度裁判で権利関係を明確にしたら、その後は、改めて裁判のやり直しなどは行いません。つまり、弁護士費用などは発生しません。あくまでも当事者同士の自発的な交渉によって最適な資源配分が実現するとしています。

また、コースの定理は、最適な資源配分を論じるものであって、最適な所得分配を説明するものではありません。最適な（公平な）所得分配かどうかは、コースの定理と直接には関係ありません。

⚷ Keyword

▶ コースの定理

コースの定理とは、外部性が発生している場合、互いの自発的な交渉によって最適な取引量が決定されるということを意味します。コースの定理は、資源配分を問題にするのであり、所得分配が公平かどうかは関係ありません。

過去問 トライアル解答 ▶ ア

☑チェック問題

コースの定理によると、交渉に費用が発生していることを前提に、互いの自発的な交渉によって最適な取引が実現することになる。　　　　⇒×

▶ 交渉には、費用がかからないことが前提になる。

MEMO

5 公共財
公共財

学習事項 消費の非競合性，消費の非排除性，フリー・ライダー，公共財

（このテーマの要点）

花火大会はなぜ政府が実施するのか

　ここでは、政府が供給する公共財の定義を説明します。社会に供給される財やサービスのほとんどは、民間企業から提供されます。このように、民間企業が供給する財やサービスは「私的財（民間財）」と呼ばれます。しかし、こうした私的財（民間財）だけでは、不十分になることがあります。例えば、道路や公園、花火大会などは、住民が必要としていますが、民間で供給できません。そこで政府が供給しなければなりません。これを公共財といいます。そこで、ここでは公共財の意味を説明します。公共財というのは、2つの特徴を有するので、その点をしっかりと理解しましょう。

過去問 トライアル	令和3年度　第21問
	公共財の性質
類題の状況	R05-Q21(再)　R01-Q17　H29-Q19　H24-Q22　H20-Q11⑴⑵ H13-Q16

　消費の競合性と排除性に関する記述の正誤の組み合わせとして、最も適切なものを下記の解答群から選べ。

　a　マグロの漁場のような共有資源には、排除性はないが、競合性がある。
　b　支払いにより加入をすることで消費ができるクラブ財には、排除性があるが、競合性はない。
　c　競合性と排除性を持ち合わせる財のことを公共財という。

〔解答群〕

ア　a：正　　b：正　　c：正
イ　a：正　　b：正　　c：誤
ウ　a：正　　b：誤　　c：誤
エ　a：誤　　b：正　　c：誤
オ　a：誤　　b：誤　　c：正

1 公共財の定義

公共財とは以下の2つの性質を同時に満たす財をいいます。

1 消費の非競合性（＝消費の集団性）

消費の非競合性とは、複数のものが同時に他を妨げることなく消費できる、という性質を意味します。

その結果、公共財は、等量消費（共同消費）となります。例えば、花火大会は多数の人が同時に利用（消費）することが可能です。つまり、等量消費が可能となるのです。

2 消費の非排除性

消費の非排除性とは、対価を支払わない者を、ある財の消費から排除できない、という性質を意味します。例えば、花火大会は対価を支払わなくとも排除されることなく消費することが可能となります。自宅のベランダからでも観賞できるのです。そのため、民間の企業では供給が困難となり、政府が供給する必要があります。

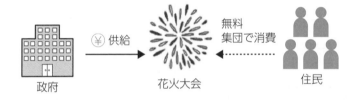

2 公共財とフリー・ライダー問題

公共財は、消費の非排除性という性質のために、いったん市場に供給されるとタダで利用することができます。ここで、公共財の供給に関する費用（税金）負担のあり方を考えてみましょう。

費用負担については、一般に各人の便益（どれだけ花火を綺麗だと感じるか）に応じて負担してもらうことが公平であると考えられています（ＮＨＫならば、見た時間に応じて受信料を支払うのが公平といえるでしょう）。

これを、応益原則（応益＝便益に応じる）といいます。ところが、こうした状況下では、各人が費用負担を免れようとして自己の便益を過少に申告します。

すなわち、フリー・ライダー（ただ乗りをする人）が存在します。自己の便益をゼロとして申告し、費用負担を免れながら公共財を利用する人をフリー・ライダー（ただ乗りをする人）といいます。

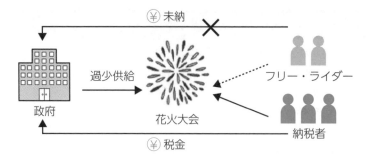

　こうしたフリー・ライダーが存在すると、最適な供給量よりも過少に供給されることになります。極論ですが、全員がフリー・ライダーになると花火大会は中止になってしまいます。

🔑 Keyword

▶　**民間財（私的財）**

　民間財（私的財）とは、民間企業が提供する財やサービスです。一方、公共財とは、政府が供給する財やサービスです。

▶　**消費の非競合性と非排除性**

　消費の非競合性とは、互いに他を妨げることなく消費することができるということを意味し、消費の集団性とも呼ばれます。一方、消費の非排除性とは、対価を支払わない者を、その財の消費から排除することができないということを意味します。

▶　**応益原則とフリー・ライダー**

　応益原則とは、各人が自己の便益に応じて費用を負担するということを意味します。また、フリー・ライダー（ただ乗りする人）とは、自己の（限界）便益をゼロであると申告し、費用負担を免れながら、公共財を利用する人のことを意味します。

過去問 トライアル解答 **イ**

☑チェック問題

　非競合性と非排除性の性質を持つ財を公共財という。その財の供給は市場に任せると過少になる傾向がある。　　　　　　　　　　　　　　　　　⇒○

▶　フリー・ライダー問題が発生すると、公共財は過少供給される。

6 情報の不完全性
情報の不完全性

学 習 事 項　逆選択，モラル・ハザード

このテーマの要点

中古車市場では、なぜ事故車ばかりが流通するか！

　情報の不完全性（非対称性）というのは、売り手と買い手の間で情報が非対称になってしまい、市場取引が非効率になることを意味します。この情報の不完全性（非対称性）は、逆選択とモラル・ハザードの2つを含むものであり、それぞれについて説明

します。特に、逆選択に関しては、「レモンの原理」という内容が重要になります。レモンというのは、一般に（俗に）粗悪品を意味します。情報が不完全になると、こうしたレモン（粗悪品）ばかりが市場に出回ってしまう傾向があります。なぜそのような現象が起こるのか、その内容をしっかりと理解しましょう。

過去問トライアル	平成20年度　第15問
	レモンの原理
類題の状況	R05-Q18　R04-Q21　R01-Q19　H23-Q15　H18-Q14　H17-Q12　H14-Q24

　製品に関する情報が偽って宣伝されると、市場のメカニズムに多大な悪影響を与える。この点に関連して、次の文章の空欄AおよびBに入る最も適切なものの組み合わせを下記の解答群から選べ。

　情報の非対称性により、消費者が市場に流通している製品の品質につき、十分な情報を得ることができない場合がある。アカロフによる「レモン市場」の考え方によれば、その場合には　A　により、平均的な品質が　B　することが知られている。

〔解答群〕

ア　A：逆選択　　　　　　　B：上昇

イ　A：逆選択　　　　　　　B：低下

ウ　A：モラルハザード　　　B：上昇

エ　A：モラルハザード　　　B：低下

1 逆選択（アドバース・セレクション）

逆選択（アドバース・セレクション）とは、本来選ぶべきものと反対のものを選んでしまうことを意味します。

Example 中古車市場における逆選択

中古車は、買ってみないと質がわかりません。ひょっとすると事故車かもしれません。したがって、中古車市場において事故車はレモンに例えられています。レモンとは、俗に粗悪品を意味します。これは、レモンは、切ってみないと質がわからず、もしかすると腐っているかもしれないということに由来します。一方、中古車市場においてピーチとは、良質車を意味します。ピーチとは、俗に良質品を意味します。これは、ピーチは外観上痛んでいるかどうかわかるため、スーパーでは質の良いものしか販売されていないはずであるということに由来します。

ここで、レモンの原理について説明します。レモンの原理とは、中古車市場では、事故車ばかり出回ってしまうという現象を意味します。

例えば、所有車を売りに出そうとする2人を考えてみましょう。一方は良質車ですが、他方は事故車なのです。2人の車は、外観上区別がつきません。そのため、業者は同じ価格で買い取ってしまいます。

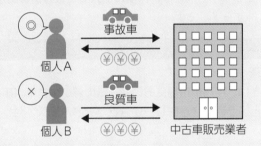

このとき、個人Aはラッキーだと感じ、買取に出します。しかし、個人Bは割りに合わないと感じ、買取に出さず、自分で乗り続けます。

そのため結局、事故車ばかり買い取られ、中古車市場で販売されてしまいます。

2 道徳的危険（モラル・ハザード）

道徳的危険（モラル・ハザード）とは、保険に加入することで、モラルが低下するということを意味します。

Example 自動車保険の道徳的危険

自動車保険に加入すると、事故を起こしても保険金がおりるから乱暴に運転しても構わないと考えてしまいます。その結果、事故の発生率が上がってしまいます。つまり、運転手のモラルが低下します。

3 逆選択と道徳的危険の違い

以下では、上記で説明した逆選択と道徳的危険の違いについて説明します。

① 逆選択（アドバース・セレクション）

契約時（契約する前）の話を想定します。例えば、中古車売買契約を締結するときの話に関連するものが逆選択（アドバース・セレクション）です。

② 道徳的危険（モラル・ハザード）

契約後の話を想定します。例えば、保険に加入した後の話に関連するものが道徳的危険（モラル・ハザード）です。

✍ Keyword

▶ レモンの原理

レモンの原理とは、中古車市場において、質の悪い中古車（事故車）ばかりが流通してしまうという現象を意味し、逆選択（アドバース・セレクション）の典型例となります。

過去問 トライアル解答 ▶ **イ**

☑チェック問題

逆選択は契約後に発生し、モラル・ハザードは契約の前に発生する。　⇒×

▶ 逆選択は契約の前に発生し、モラル・ハザードは契約後に発生する。

マクロ経済学

マクロ経済学の全体像

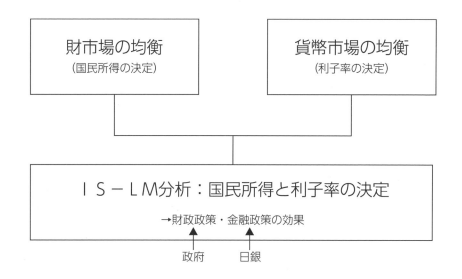

財市場の均衡
（国民所得の決定）

貨幣市場の均衡
（利子率の決定）

ＩＳ－ＬＭ分析：国民所得と利子率の決定

→財政政策・金融政策の効果

政府　　日銀

第 **6** 分野

財市場の均衡

財市場の均衡

1 各テーマの関連

　本章では、財市場の均衡について説明します。財市場の均衡とは、国全体の生産とそれに対する支出が一致する状態を意味します。この財市場の均衡によって、その国の国民所得（GDP）が決定されることになります。こうした内容を図で説明したものが45度線分析と呼ばれるものです。

　ただし、この45度線分析の内容に入る前に、まず国民所得とは何かといった点を明確にしておく必要があります。これが、国民経済計算と呼ばれるものです。この国民経済計算では、主に国内総生産GDPの概念や三面等価の原則を説明します。この国内総生産GDPの概念を明確にした上で、45度線分析に移ります。

　この45度線分析とは、上述のように財市場の均衡によって国民所得が決定されるということを分析するものです。特に、インフレ・ギャップやデフレ・ギャップは

重要論点となりますので図を用いて説明できるようにしておきましょう。さらに、乗数効果について説明します。この乗数効果とは、政府が支出を増やすと国民所得がどれくらい増加するかといったことを意味するものです。

　最後に、景気の安定化やセイの法則とケインズの有効需要の原理について説明していきます。景気を安定化させるために政府は何をすべきか、といった点を考えながら理解していくようにしましょう。

2 出題傾向の分析と対策

① 出題傾向

#	テーマ	H26	H27	H28	H29	H30	R01	R02	R03	R04	R05
6-1	国内総生産GDP		1	1	1	1	1	1	1	1	2
6-2	国民総所得GNI										
6-3	三面等価の原則										
6-4	財市場の総供給					1					
6-5	財市場の総需要										
6-6	財市場の均衡	1				2	2	2		2	3
6-7	総需要と総供給のギャップ			1				1			
6-8	乗数効果の基礎			2	1					1	
6-9	乗数効果の応用(1)	1							2		
6-10	乗数効果の応用(2)								1		
6-11	セイの法則とケインズの有効需要の原理										
6-12	裁量的財政政策と自動安定化装置			1							

② 対策

　財市場の均衡については、全般的に重要ですが、中でも「国内総生産GDPの概念」、「乗数効果」は、最重要論点です。また、それ以外の論点についても、重要度は高いといえます。特に、45度線分析は、図や計算を用いて正誤を判断させる問題も出題されています。そのため、45度線分析の図の理解は不可欠になりますから、しっかりと理解しましょう。

　45度線分析を図で理解する場合、縦軸切片や傾きが重要になります。総需要や総供給を式で表現したら、縦軸切片や傾きに注意しましょう。

　それ以外の、景気安定化やセイの法則とケインズの有効需要の原理については、

頻出論点というわけではありません。ですから、簡単に（直感的に）理解しておけ
ばよいでしょう。

3　学習のポイント

- ＧＤＰの概念：ＧＤＰやＧＮＩ（ＧＮＰ）の概念などをしっかりと理解しましょう。
- 三面等価の原則：三面等価の原則の意味を理解しましょう。
- 45度線分析：デフレ・ギャップやインフレ・ギャップをしっかりと理解しましょ
  う。
- 乗数効果：乗数の意味を理解し、計算をできるようにしておきましょう。
- 景気の安定化：自動安定化装置の仕組みを中心に理解しましょう。
- セイの法則とケインズの有効需要の原理：それぞれの意味を理解し、両者の違い
  を理解しましょう。

国民経済計算
国内総生産GDP

学習事項 国内総生産GDPの定義，国内総生産GDPに含まれないものとその例外

このテーマの要点

国内総生産GDPの概念を理解する！

国内総生産GDPは、国内の経済活動における付加価値を合計したものであり、国全体の経済規模を測る上で、最も重要な指標となります。わが国は、長い間アメリカに次いで世界第2位の規模となっていましたが、最近では中国に次いで世界第3位となりました。そこで、ここでは国内総生産GDPの概念を説明します。付加価値の意味をしっかりと理解しながら、国内総生産GDPの概念を覚えておきましょう。

過去問 トライアル	令和5年度　第4問
	国内総生産（GDP）の概念
類題の状況	R05-Q3(再)　R04-Q3　R03-Q3　R02-Q3　R01-Q3　H30-Q5 H29-Q3　H28-Q4　H27-Q3　H21-Q1　H14-Q8

国民経済計算においてGDPに含まれる要素として、最も適切な組み合わせを下記の解答群から選べ。

 a 農家の自家消費

 b 持ち家の帰属家賃

 c 家庭内の家事労働

 d 政府の移転支出

〔解答群〕

ア aとb

イ aとc

ウ aとd

エ bとc

オ bとd

1 国内総生産ＧＤＰ （Gross Domestic Product） の定義

国内総生産ＧＤＰとは、１年間に国内で生産された付加価値の合計です。また、付加価値とは売上から仕入を控除した大きさとなります。

> 付加価値＝売上－仕入

Example ＧＤＰの算出方法 （おにぎりの販売例）

最初に、農家がお米を1,000億円だけ生産します。そして、このお米を加工会社が仕入れて、おにぎりを1,200億円だけ生産し、最後にコンビニが加工会社からおにぎりを1,200億円で仕入れて、1,500億円で販売したとします。

ここで、まず、各流通段階の売上高の単純合計を計算してみます。

売上高の合計＝1,000億円＋1,200億円＋1,500億円＝3,700億円

これはＧＤＰではありません。なぜなら、これではお米の価値（1,000億円）やおにぎりの価値（1,200億円）が二重や三重に計算されるからです。そこで国内総生産＝付加価値を集計します。

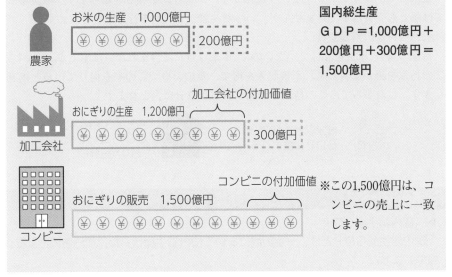

現実には、農家がお米を生産するためには、原料や燃料など様々なものを投入するはずです。しかし、そうした点を考慮すると議論が複雑になるので、ここでは便宜上、農家は、そうしたものを投入せずにお米を生産するものとします。

GDPに含まれるものは、原則として市場で取引されるものです。つまり、代金の受け払いを行っているものです。母親が息子の髪を散髪するケースは、GDPに含まれません。

つまり、主婦の家事労働はGDPには含まれないのです。ただし、例外として農家の自家消費や持家の帰属家賃は、帰属計算によってGDPに含まれます。

帰属計算とは、原則論ではGDPには含まれないが、それを含めてしまうという計算です。

[例1] 農家の自家消費

農家がお米を500万円分生産し、そのうち50万円分を自分で食べてしまったとします。この50万円分は、誰とも売買していないので、本来GDPに含まれないはずです。しかし、この50万円分は、いったん誰かに売却して収入を得て、そのお金でお米を買ったと擬制します。したがって、この自家消費分50万円分もGDPに含まれます。

擬制とは、フィクションという意味です。つまり、事実と異なります。事実としては誰とも売買はしていませんが、いったん誰かと売買を行ったと考えます。

[例2] 持家の帰属家賃

持家の場合、家賃を払っていないので、本来GDPに含まれないはずです。しかし、この持家を誰かに貸して、家賃収入を得て、そのお金でこの家を借りていると擬制します。したがって、この持家の帰属家賃もGDPに含まれます。

借家（家賃10万円）
GDPに含まれる

持ち家（家賃なし）
GDPに含まれる
（10万円分）

⚷ Keyword

▶ 国内総生産GDP

　国内総生産GDPとは、一定期間において国内で生産された付加価値の合計を意味します。

過去問 トライアル解答 ▶ ア

☑チェック問題

　帰属計算の考え方によれば、農家の自家消費はGDPに計上される。　⇒○

MEMO

第6分野 財市場の均衡

2 国民経済計算
国民総所得GNI

学習事項 国民総所得GNIと国民総生産GNP，各指標間の関係

このテーマの要点

国民総所得GNIの概念を理解する！

ここでは、国民総所得GNIの概念について説明します。この国民総所得GNIは、従来国民総生産GNPと呼ばれていたものです。その上で、前に学習した国内総生産GDPとの関係を説明します。両者の違いは、「国内」と「国民」の違いです。すなわち、国内総生産GDPは、地理的な問題を

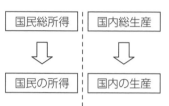

考えます。国内で生産すれば、誰が生産しても国内総生産に含まれます。それに対して、国民総所得GNIは、国籍を問題にし、場所は問いません。国民が生産しているのであれば、海外であっても国民総所得GNIに含まれます。両者の違いをしっかりと理解しましょう。

過去問トライアル	平成23年度 第1問
	GDPとGNP
類題の状況	H18-Q1 H16-Q1 H14-Q8

GDP（国内総生産）とGNP（国民総生産）の関係について、次の式の空欄にあてはまる最も適切なものを下記の解答群から選べ。

$$GDP＝GNP＋\boxed{}$$

〔解答群〕

ア 海外からの要素所得受取−海外への要素所得支払

イ 海外への要素所得支払−海外からの要素所得受取

ウ 固定資本減耗＋間接税−補助金

エ 固定資本減耗＋補助金−間接税

1 国民総所得ＧＮＩと国民総生産ＧＮＰ

❶国民総所得ＧＮＩ（Gross National Income）

国民総所得ＧＮＩとは、国民全体の所得の総額を示すものであり、従来からの国民総生産ＧＮＰに相当します。

❷国民総生産ＧＮＰ（Gross National Product）

国民総生産ＧＮＰとは、一定期間に国民の生み出した付加価値の合計を意味します。現在では、この国民総生産ＧＮＰという指標は使用されておらず、上記の国民総所得ＧＮＩという指標に変えられています。

2 各指標間の関係

❶国民総所得ＧＮＩと国民総生産ＧＮＰの関係

国民総生産ＧＮＰは、生産面から経済活動を把握します。すなわち、いくら生産したかを意味します。それに対して、国民総所得ＧＮＩは、所得面から経済活動を把握します。すなわち、いくら稼いだかを意味します。ただし、両者は基本的には同じものとなります。

❷国民総生産ＧＮＰと国内総生産ＧＤＰの関係

国民総生産ＧＮＰと国内総生産ＧＤＰの関係は、以下のようにまとめることができます。

国民総所得ＧＮＩ＝国内総生産ＧＤＰ＋海外からの純要素所得受取
（国民総生産ＧＮＰ）

海外からの純要素所得受取＝海外からの要素所得受取－海外への要素所得支払

国内総生産ＧＤＰ＝国民総所得ＧＮＩ－海外からの純要素所得受取

❸名目ＧＤＰと実質ＧＤＰの関係

名目ＧＤＰと実質ＧＤＰの関係は、以下のようにまとめることができます。

$$実質ＧＤＰ＝\frac{名目ＧＤＰ}{物価（ＧＤＰデフレータ）}$$

Example 名目ＧＤＰ＝500兆円　物価＝100円

$$実質ＧＤＰ＝\frac{名目ＧＤＰ}{物価（ＧＤＰデフレータ）}＝\frac{500兆円}{100円}＝5兆（個）$$

つまり、平均的に5兆個だけ物を作っていることになります。このように、名目ＧＤＰは～円で表示し、実質ＧＤＰは数量で表示します。さらに、以下の関係も成

立します。

> 実質ＧＤＰ成長率＝名目ＧＤＰ成長率－物価上昇率

Example　名目ＧＤＰ成長率と実質ＧＤＰ成長率

・基準年の実質ＧＤＰ成長率＝名目ＧＤＰ成長率０％－物価上昇率０％＝０％
・比較年の実質ＧＤＰ成長率＝名目ＧＤＰ成長率１％－物価上昇率２％＝－
　１％

つまり、名目ＧＤＰ成長率が１％上昇しても、物価が２％上昇すれば、実質的には生活は苦しくなります。「実質」という用語が出てきたら物価の上昇を考慮するので、生活水準の変化を考えてみましょう。

④ 国内総生産ＧＤＰと国内純生産ＮＤＰ（Net Domestic Product）の関係

国内総生産ＧＤＰと国内純生産ＮＤＰの関係は、以下のようにまとめることができます。

> 国内純生産ＮＤＰ＝国内総生産ＧＤＰ－固定資本減耗（減価償却費）

例えば、国内総生産が500兆円あっても、建物や機械の価値が10兆円減少すれば、純粋な生産の増加は490兆円ということになります。これが国内純生産です。

♂ Keyword

▶　国民総所得ＧＮＩ
　国民総所得ＧＮＩとは、一定期間にある国の国民が稼いだ所得の合計を意味し、従来の国民総生産ＧＮＰに対応します。

▶　純（Net）
　国内純生産ＮＤＰの「純」とは、国内総生産ＧＤＰから固定資本減耗（減価償却費）を控除することを意味します。

▶　海外からの純要素所得受取
　海外からの純要素所得受取＝スポーツ選手などが海外の企業から受け取った所得（海外からの要素所得受取）－外国人労働者などに支払った所得（海外への要素所得支払）

▶　市場価格表示の国民所得
　市場価格表示の国民所得＝国民総所得ＧＮＩ－固定資本減耗

▶　要素費用表示の国民所得
　要素費用表示の国民所得＝市場価格表示の国民所得－間接税＋補助金

☑**チェック問題**

　GNPは、GDPに「海外からの要素所得受け取り」を加え、そこから「海外への要素所得支払い」を差し引いた値に等しい。　　　　　　　　⇒○

国民経済計算
三面等価の原則

学 習 事 項　生産＝分配＝支出

このテーマの要点

経済を三面鏡で見ると

経済というのは、生産面と分配面と支出面から把握することができます。この３つの面から見た場合、金額は必ず一致することになります。これを三面等価の原則といいます。そこで、ここでは三面等価の原則について説明します。特に、事前と事後の違いが重要になりますので、この点に注意してしっかりと覚えておいてください。

過去問トライアル	平成20年度　第１問
	三面等価の原則など
類題の状況	－

次のGDPに関する文章中の空欄A～Dに入る最も適切なものの組み合わせを下記の解答群から選べ。

生産面から見たGDP、分配面から見たGDP、支出面から見たGDPが　A　に一致することを「三面等価の原則」という。このうち、生産面から見たGDPは各生産段階における　B　の総計に等しく、支出面から見たGDPは　C　と呼ばれる。

なお、GDPから固定資本減耗を差し引いたものを　D　と呼ぶ。

〔解答群〕

ア　A：事後的　　B：中間生産物の価値　　C：国内総支出　　D：国内純生産

イ　A：事後的　　B：付加価値　　C：国内総支出　　D：国内純生産

ウ　A：事後的　　B：付加価値　　C：国民総支出　　D：国民純生産

エ　A：事前的　　B：中間生産物の価値　　C：国内総支出　　D：国内純生産

オ　A：事前的　　B：付加価値　　C：国民総支出　　D：国民純生産

1　三面等価の原則

　三面等価の原則とは、一国全体の経済活動を生産、分配、支出の３面から捉えた場合、この３つが一致することを意味します。

三面等価の原則：生産額＝分配額＝支出額

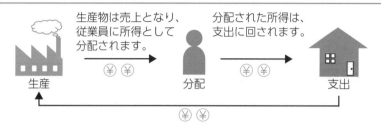

生産物は売上となり、従業員に所得として分配されます。

分配された所得は、支出に回されます。

生産　　　　　　分配　　　　　　支出

　例えば、１国全体で500兆円だけ生産すると、それは企業の売上になり、国民に所得として分配されます。

　　生産額500兆円＝分配額500兆円

　次に、分配された所得は支出をもたらすので、支出額も500兆円になります。

　　分配額500兆円＝支出額500兆円

　以上より、生産額＝分配額＝支出額となります。

　しかし、ここで１つ疑問が生じます。それは、上記の関係は、在庫があっても成立するのか、という点です。そこで、以下で在庫が存在する場合の三面等価の原則について考えてみます。

　仮に、100兆円の在庫があると、企業の売上＝生産額500－在庫額100＝400兆円となります。そして、この400兆円が従業員などに所得として分配されます。

　　生産額500兆円≠分配額400兆円

　ただし、この在庫の100兆円は、自社内に保管してあるので、企業自身に分配されたとして分配額に含めます。したがって、次のようになります。

　　生産額500兆円＝分配額500兆円

　次に、支出について考えてみます。在庫の100兆円を除いた400兆円が販売され、従業員などの所得として分配され、支出に回されてしまうと、生産額と支出額が一致しません。

　　生産額500兆円≠支出額400兆円

　しかし、この100兆円は在庫投資として支出額に含めますので、支出額＝500兆円となるのです。その結果、生産額500兆円＝支出額500兆円となります。

　以上より、事後的には（政府が調整した後は）必ず三面等価の原則が成立します。三面等価の原則は、事前的に成り立つとは限りません（一般には成立しません）。

しかし、政府が上記の調整を行うと必ず成立します。

⚷ Keyword

▶ 三面等価の原則

　三面等価の原則とは、経済全体として、生産額と分配額と支出額が事後的には必ず一致するということを意味します。

過去問　トライアル解答 ▶ **イ**

☑チェック問題

　生産面から見たGDP、分配面から見たGDP、支出面から見たGDPが事前的に等しくなることを、「三面等価の原則」と呼ぶ。　　　　　　　　　　⇒×

▶　事前的ではなく事後的に一致するのである。

4 45度線分析
財市場の総供給

学習事項 国全体の生産と国民所得の関係

このテーマの要点

一国全体の生産を理解する！

ある国において財市場が均衡するというのは、国内の生産と国内の生産に対する支出が一致する状態です。ここではまず国内の生産について説明します。この生産については、以前に説明したGDPを考えてみましょう。私たちは、様々な財やサービスを生産し、市場に供給します。ときには、海外にも輸出したりします。そこで、国全体の生産について説明することにします。

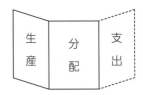

過去問 トライアル	平成30年度　第7問
	45度線分析
類題の状況	－

下図は45度線図である。総需要は$AD = C + I$（ただし、ADは総需要、Cは消費、Iは投資）、消費は$C = C_0 + cY$（ただし、C_0は基礎消費、cは限界消費性向、YはGDP）によって表されるものとする。

この図に基づいて、下記の設問に答えよ。

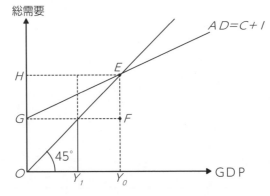

（設問1）

　この図に関する記述として、最も適切なものはどれか。

ア　GDPがY_1であるとき、生産物市場にはGHだけの超過需要が生じている。

イ　均衡GDPの大きさはY_0であり、このときの総需要の大きさはOHである。

ウ　図中で基礎消費の大きさはOGで表され、これは総需要の増加とともに大きくなる。

エ　図中で限界消費性向の大きさは$\dfrac{EF}{FG}$で表され、これは総需要の増加とともに小さくなる。

（設問2）

　均衡GDPの変化に関する記述として、最も適切なものはどれか。

ア　限界消費性向が大きくなると、均衡GDPも大きくなる。

イ　限界貯蓄性向が大きくなると、均衡GDPも大きくなる。

ウ　貯蓄意欲が高まると、均衡GDPも大きくなる。

エ　独立投資が増加すると、均衡GDPは小さくなる。

1 財の総供給：財やサービスの総供給（Ys）：生産額

　以下で、財市場の総供給について説明します。

> 総供給（生産額）＝国内総生産GDP

　まず、1年間に日本で500兆円の生産が行われたとします。これは企業の売上になり、国民に所得として分配されます。具体的には、従業員などに賃金として分配され、企業自身に利益として分配され、政府に消費税などの税収として分配されます。

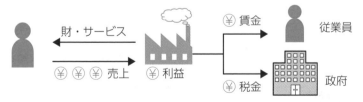

　したがって、以下の関係が成り立ちます。

> 総供給（生産額）Ys＝分配（された）国民所得Y
> 　　500兆円　　　　　　　　500兆円

さらに、分配（された）国民所得Yは、いったん消費C（Consumption）と貯蓄S（Savings）に利用されます。例えば、お年玉で得た所得は、とりあえず消費するか貯蓄しておくでしょう。これは国全体で考えても同じです。したがって、以下の関係が成り立ちます。

$$Y_S = Y = 消費C + 貯蓄S$$
$$500兆円　500兆円　300兆円　200兆円$$

　この関係を図にすると、以下のようになります。縦軸に財の総供給Y_Sをとり、横軸に国民所得Yをとります。

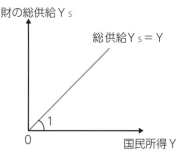

　ここで、前述のように、総供給Y_Sは、国民所得Yに一致します（$Y_S = Y$）。
　その結果、図では、総供給を表す線は、原点を通り傾きが1の直線となります。また、傾きが1であるということは、角度で表すと45度になります。したがって、45度線と呼ばれることがあります。

⚷ Keyword

▶　総供給
　総供給は、ある国における財やサービスの生産を意味し、国民所得に一致します。

| 過去問 トライアル解答(1) | ▶ | **イ** |
| 過去問 トライアル解答(2) | ▶ | **ア** |

☑チェック問題

　生産物市場（財市場）における総供給は、国民所得と一致する。　　　⇒○

5　45度線分析
財市場の総需要

学習事項　財やサービスに対する支出

このテーマの要点

一国全体の支出を理解する！

ここでは、ある国における総需要（支出）を説明します。国内で生産した財やサービスに対して支出を行うということを考えます。ここで、ポイントになるのは、個人消費です。わが国では、長い間不況が続いています。その原因の1つに個人消費の低迷が挙げられます。個人消費

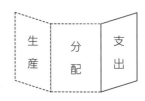

というのは、景気に対して多大な影響を与えます。学問としては、ケインズ型消費関数が重要になりますから、しっかりと理解しましょう。

過去問 トライアル	平成21年度　第4問（設問1） 財市場の総需要
類題の状況	H24-Q6　H24-Q7

次の均衡GDPの決定および変動に関する文章を読んで、下記の設問に答えよ。

右の図は、均衡GDPの決定を表したものである。

いま、総需要ADが消費支出C、投資支出I、政府支出G、貿易収支（輸出Xマイナス輸入M）から構成される経済モデルを想定する。

$$AD = C + I + G + X - M$$

また、消費関数、投資関数、輸入関数はそれぞれ、

$$C = C_0 + c(Y - T_0)$$
$$I = I_0 - ir$$
$$M = M_0 + mY$$

として与えられる。各記号は、Y：GDP、C_0：独立消費、c：限界消費性向（$0 < c < 1$）、T_0：租税収入（定額税）、I_0：独立投資、i：投資の利子感応度、r：利子率、M_0：独立輸入、m：限界輸入性向（$m > 0$、$c > m$）である。なお、政府支出G、輸出Xは与件であり、おのおの$G = G_0$、$X = X_0$とする。利子率も与件であり、$r = r_0$とする。

このとき、総需要線は

$$AD = C_0 + c(Y - T_0) + I_0 - ir_0 + G_0 + X_0 - M_0 - mY$$

である。

他方、図中の45度線は$Y = AD$を描いた直線である。

ここで、①総需要線ADと45度線の交点において生産物市場が均衡し、均衡ＧＤＰはY^*の水準に決定される。②独立投資や輸出などの変化は乗数効果を通じて、均衡ＧＤＰの水準に影響を及ぼすことになる。

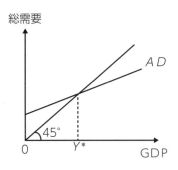

（設問）

文中の下線部①について、総需要線ADの説明として、最も適切なものの組み合わせを下記の解答群から選べ。

a 総需要線の傾きは、限界貯蓄性向と限界輸入性向の差に等しい。

b 政府支出の拡大と増税が同じ規模で実施された場合、総需要線の位置は変わらない。

c 投資の利子感応度がゼロの場合、利子率が低下しても総需要線の位置は変わらない。

d 独立輸入の増加は、総需要線を下方にシフトさせる。

〔解答群〕

ア a と b

イ a と c

ウ b と c

エ b と d

オ c と d

財（やサービス）の総需要とは、支出面のGDPであり、国内総支出GDE（Gross Domestic Expenditure）とも呼ばれます。つまり、財（やサービス）の総需要とは、分配された所得をどのように支出するかを意味します。

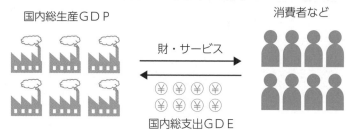

この財（やサービス）の総需要としては、以下の項目があります。

(1)　民間最終消費支出（個人消費C：Consumption）

(2)　国内総固定資本形成（民間投資Ｉ：Investment（住宅投資（家など）＋設備投資（ビルなど））＋政府の公共投資G：Government）

(3)　在庫品増加（在庫投資）

　　去年よりも在庫が増えれば（減れば）プラス（マイナス）の在庫投資となります。

(4)　政府最終消費支出（公共投資以外の支出G＝社会保障関係費など）

(5)　輸出X（Export）－輸入M（Import）

> 国内総支出GDE＝個人消費C＋民間投資Ｉ＋政府支出G＋輸出X－輸入M

以下では、政府部門や海外部門を捨象します。

＊　財市場の総需要Y_D＝国内総支出GDE＝個人消費C＋民間投資Ｉ

2 個人消費C

① 消費関数

個人消費C＝C₀＋cY　……ケインズ型消費関数
C₀：基礎消費
　生活していく上で、最低限必要な消費（国民所得Yに無関係な消費）
c：限界消費性向
　所得が1単位増加した場合に消費がどれくらい増加するかを表す比率

Example　限界消費性向

例えば、お年玉で、おばあちゃんから1万円もらって、8千円使ってしまったら

限界消費性向＝$\dfrac{消費の増加分8千円}{所得の増加分1万円}$＝0.8となります。

基礎消費＝10、限界消費性向＝0.8

C＝10＋0.8Y

② （民間）投資

民間投資（家、ビル）は、国民所得と無関係に決定されるとします。つまり、100兆円とか200兆円といった定数として考えるのです。

財やサービスに対する支出（総需要）Y_D＝C＋I

　　　　　　　　　　　　　　　　　＝C₀＋cY＋I

　　　　　　　　　　　　　　　　　＝$\underline{c}$Y＋$\underline{C_0+I}$
　　　　　　　　　　　　　　　　　　（傾き）　（切片）

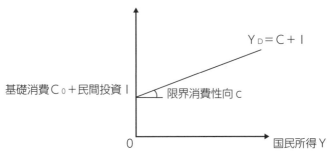

☌ Keyword

▶ 総需要

そもそも需要とは、必要なものを求めるといった意味があります。必要なものを手に入れるためにはお金を使わなければなりません。したがって、総需要は、財やサービスへの支出を意味します。

▶ 基礎消費

基礎消費は、所得に無関係な消費を意味します。つまり、最低限必要な消費であると考えることができます。現代ならば、ケータイ料金などが挙げられるかもしれません。

▶ 限界消費性向

限界消費性向とは、ある状態から所得が1単位変化したときに、消費がどれくらい変化するかを意味します。

過去問 トライアル解答 ▶ **オ**

☑チェック問題

ケインズの消費関数によると、限界消費性向は0から1までの値をとるものとされる。　　　　　　　　　　　　　　　　　　　　　　　　　　　⇒○

MEMO

45度線分析
財市場の均衡

学 習 事 項　サミュエルソンの45度線分析

このテーマの要点

財市場の均衡によって国民所得が決定される！

ここでは、財市場の均衡を説明します。財市場の均衡とは、総供給と総需要が等しくなることです。この財市場の均衡によって、国民所得が決定されるという分析を「サミュエルソンの45度線分析」といいます。これは、総供給を表す線が45度の傾きで表されるからです。総需要線と総供給線をどのように作成するか、しっかりと理解しておきましょう。

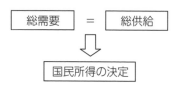

過去問 トライアル	平成17年度　第2問（設問1）
	財市場の均衡
類題の状況	R05-Q7　R05-Q7(1)(2)(再)　R04-Q6(1)(2)　R02-Q4(1)(2) R01-Q5(1)(2)　H30-Q7(1)(2)　H26-Q4(1)　H24-Q5　H23-Q6 H22-Q5　H17-Q2(2)

次の文章を読んで、下記の設問に答えよ。

有効需要の原理に基づき、総需要と総供給との関係から均衡GDPの決定について考えてみよう。

まず、総需要ADが消費支出Cと投資支出Iから構成されるモデルを想定し、消費支出と投資支出がそれぞれ、

　　$C = C_0 + cY$

　　$I = I_0$

として与えられるとする。ここで、C_0：独立消費、c：限界消費性向、Y：国内所得あるいはGDP、I_0：独立投資である。

いま、下図のように、縦軸に総需要、横軸に国内所得（GDP）を表すとすれば、①所得水準とそれに対応して計画された総需要との関係はADとして描かれる。また、45度線は総需要＝総供給（国内所得）の関係を示している。

このとき、均衡GDPはY^*の水準に決まる。仮に、②国内所得がY_1の水準にあれば、総供給＞総需要の関係にあり、生産物市場には超過供給が発生する。なお、

均衡ＧＤＰは限界消費性向が１より小さい場合に安定的になる。

（設問）

　文中の下線部①について、ＡＤ線の説明として最も適切なものの組み合わせを下記の解答群から選べ。

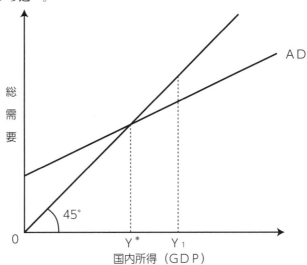

a　ＡＤ線の傾きは限界消費性向に等しい。

b　ＡＤ線の縦軸の切片は、$(C_0 - I_0)$ に等しい。

c　限界貯蓄性向が大きいほど、ＡＤ線の勾配はより激しくなる。

d　独立消費が増加すれば、ＡＤ線は下方にシフトする。

e　独立投資が増加すれば、ＡＤ線は上方にシフトする。

〔解答群〕

ア　aとc　　イ　aとe　　ウ　bとd　　エ　bとe　　オ　cとd

　財市場は、総需要と総供給の一致によって均衡します。つまり、生産されたものがすべて需要された状態を、財市場の均衡といいます。

　このとき、総需要Y_D＝総供給Y_Sより、均衡国民所得がY^*と決まります。また、Y_D＝Y_Sとなるためには、投資 I と貯蓄 S が一致する必要があります。

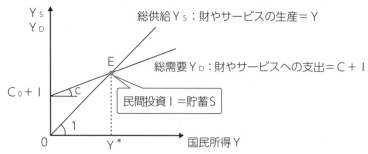

　総供給Y_S＝（売上）＝国民所得 Y ＝個人消費 C ＋家計の貯蓄 S
　総需要Y_D　　　　　　　　　＝個人消費 C ＋民間投資 I
　⇒　Y_D＝Y_S　⇒　民間投資 I ＝家計の貯蓄 S

財市場の均衡条件：I ＝ S

貯蓄 S は、所得 Y から消費 C を控除して求めます。

$$S＝Y－C＝Y－(C_0＋c\,Y)＝Y－C_0－c\,Y＝\underline{(1－c)}\,Y－C_0＝\underline{s}\,Y－C_0$$
$$（傾き：s\quad 切片：－C_0）$$

ここで、1－限界消費性向 c ＝限界貯蓄性向 s となります。

　限界貯蓄性向 s とは、所得が 1 単位増加した場合、貯蓄が何単位増加するかを表します。

Example	限界消費性向 c と限界貯蓄性向 s

　所得が 1 万円増加したとき、消費が 8 千円増加し、貯蓄が 2 千円増加した。

　⇒　限界消費性向＝$\dfrac{消費の増加分 8 千円}{所得の増加分 1 万円}$＝0.8

　⇒　限界貯蓄性向＝$\dfrac{貯蓄の増加分 2 千円}{所得の増加分 1 万円}$＝0.2

> 限界消費性向 c ＋限界貯蓄性向 s ＝ 1
> ＊　1 －限界消費性向 c ＝限界貯蓄性向 s

⚿ Keyword

▶　財市場（生産物市場）の均衡

　財市場（生産物市場）の均衡とは、財やサービスに対する需要（総需要）と財やサービスの供給（総供給）が一致した状態を意味します。また、財市場（生産物市場）の均衡条件は、投資と貯蓄の一致となります。

▶　限界貯蓄性向

　限界貯蓄性向とは、ある状態から所得が1単位変化したときに、貯蓄がどれくらい変化するかを意味します。

過去問　トライアル解答 ▶ **イ**

☑チェック問題

　いま、家計、企業、政府から構成される閉鎖経済モデルを考える。ここで、各記号は、Y：ＧＤＰ、C：消費支出、I：民間投資支出、G：政府支出、T：租税収入、C_0：独立消費を意味し、単位は兆円とする。また、c は限界消費性向とする。

　　生産物市場の均衡条件　Y＝C＋I＋G
　　消費関数　C＝C_0＋c（Y－T）
　　　　　　　C_0＝60，c ＝0.6
　　民間投資支出　I＝120
　　政府支出　　　G＝50
　　租税収入　　　T＝50
　このとき、均衡ＧＤＰは500兆円である。　　　　　　　　　　⇒○
（解答）
　Y＝C＋I＋G＝C_0＋c（Y－T）＋I＋G＝60＋0.6（Y－50）＋120＋50
　∴Y＝500

7 45度線分析
総需要と総供給のギャップ

学習事項 デフレ・ギャップ，インフレ・ギャップ

このテーマの要点

支出が少ないと物価は下がる！

ここでは、デフレ（インフレ）・ギャップについて説明します。わが国の経済では、デフレ経済からの脱却が重要な課題となっています。デフレというのは、持続的に物価が下落してしまう現象を意味します。そこで、図を用いてなぜ物価が下落してしまうのかを説明します。現実の経済でもしばしば話題になる内容であり、受験上も重要ですから、しっかりと理解しておきましょう。

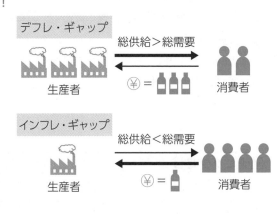

過去問 トライアル	令和2年度　第5問
	デフレ・ギャップ
類題の状況	H29-Q5　H25-Q2　H25-Q3　H20-Q5　H16-Q6(1)

下図は、45度線図である。ADは総需要、Y_0は完全雇用GDP、Y_1は現在の均衡GDPである。この経済では、完全雇用GDPを実現するための総需要が不足している。この総需要の不足分は「デフレ・ギャップ」と呼ばれる。

下図において「デフレ・ギャップ」の大きさとして、最も適切なものを下記の解答群から選べ。

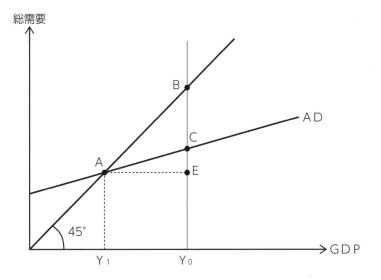

〔解答群〕

ア A E

イ B C

ウ B E

エ C E

デフレ・ギャップとは、完全雇用国民所得Y_F（Full employment：完全雇用）の状況で、総需要が総供給を下回る部分（ＡＢ）をいいます。

また、ここでは政府部門（政府支出Ｇ、租税Ｔ）も含めます。

財やサービスに対する支出（総需要）$Y_D = C + I + G$

可処分所得（手取り収入）$Y_d = Y - T$

$$
\begin{aligned}
\text{財やサービスに対する支出（総需要）} \; Y_D &= C + I + G \\
&= C_0 + c\,Y_d + I + G \\
&= C_0 + c\,(Y - T) + I + G \\
&= C_0 + c\,Y - c\,T + I + G \\
&= c\,Y + C_0 - c\,T + I + G
\end{aligned}
$$

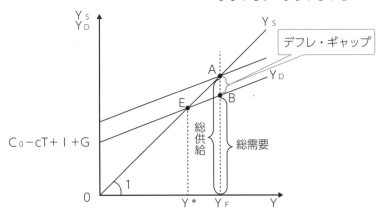

まず、完全雇用が実現したとすると総需要（支出）はＢの高さとなり、総供給（生産）はＡの高さとなります。

このとき、総供給が総需要をＡＢだけ上回ります。これはデフレ・ギャップとなります。すなわち、総需要Y_Dが少なすぎます（生産しても売れません）。

その結果、物価が下落します。そこで、このようなデフレ・ギャップの解消には、①政府支出の拡大、②減税による個人消費の増加、が必要となります（総需要＝財やサービスへの支出が増加しなければ、デフレ・ギャップは解消できません）。

2　インフレ・ギャップ

インフレ・ギャップとは、完全雇用国民所得Y_Fの状況で、総需要が総供給を上回る部分をいいます。

このとき、総需要が多すぎます（生産しても追いつきません）。その結果、物価が上昇します。そこで、このようなインフレ・ギャップを解消するには、①政府支出の削減、②増税による個人消費の減少、が必要となります（総需要＝財やサービスへの支出を削減させなければ、インフレ・ギャップは解消できません）。

♂ Keyword

▶　デフレ・ギャップ

デフレ・ギャップとは、完全雇用の状態において、総需要が総供給を下回る大きさを意味します。デフレ・ギャップを解消するためには、政府支出の拡大や減税などの財政拡大政策が必要とされます。

▶　インフレ・ギャップ

インフレ・ギャップとは、完全雇用の状態において、総需要が総供給を上回る大きさを意味します。インフレ・ギャップを解消するためには、政府支出の縮小や増税などの緊縮的財政政策が必要とされます。

過去問　トライアル解答　▶　イ

☑チェック問題

インフレ・ギャップが生じている場合、物価を安定させるために政府支出の縮小が必要とされる。　　　　　　　　　　　　　　　　　　　　　　　⇒○

8 乗数効果
乗数効果の基礎

学 習 事 項 政府支出乗数

このテーマの要点

公共事業の経済効果は！

ここでは、公共事業などで政府支出が１兆円増加された場合、国民所得がその何倍増加するかを説明します。これは、乗数効果と呼ばれます。現実の経済においても、ある場所にダムを建設するかどうかが議論になることがあります。このダムの建設に関する経済効果を考えるのが乗数効果と呼ばれるものです。そして、この乗数効果は、後で学習する政府の財政拡大政策の効果などを分析する上でも重要な概念となりますので、ここでしっかりと理解しておきましょう。

過去問 トライアル	平成28年度　第8問
	乗数効果
類題の状況	R04-Q5　H29-Q4⑵

財市場における総需要Aが以下のように定式化されている。

$A = C + I + G$

【C：消費、I：投資、G：政府支出】

ここで、消費Cを以下のように定式化する。

$C = C_0 + cY$

【Y：所得、C_0：独立消費、c：限界消費性向（$0 < c < 1$）】

このとき、総需要は$A = C_0 + cY + I + G$と書き改めることができ、総需要線として下図の実線AAのように描くことができる。

下図の45度線（$Y = A$）は、財市場で需要と供給が一致する均衡条件を示しており、実線AAとの交点Eによって均衡所得が与えられる。なお、簡便化のために、限界消費性向cは0.8であると仮定する。

このような状況をもとに、下記の設問に答えよ。

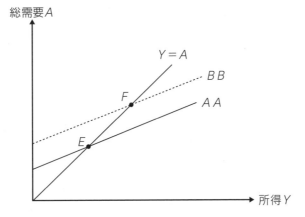

（設問1）
政府支出乗数と租税乗数の値として、最も適切なものはどれか。

ア 政府支出乗数と租税乗数はともに4である。
イ 政府支出乗数と租税乗数はともに5である。
ウ 政府支出乗数は5、租税乗数は4である。
エ 政府支出乗数は8、租税乗数は2である。

（設問2）
いま、他の条件を一定として、$I+G$の値が外生的に5増加し、図中の実線AAが破線BBへシフトし、点Fで均衡するものとする。このとき、均衡所得の変化量として、最も適切なものはどれか。

ア 4
イ 10
ウ 25
エ 40

政府支出乗数とは、政府が支出を1単位（1兆円）だけ増加すると国民所得は何単位（何兆円）増加するか、を意味するものです。

Example 公共事業の発注と国民所得の増加

［設定］
・政府が1兆円支出を増加する。（$\Delta G = 1$兆円）
・限界消費性向＝0.8

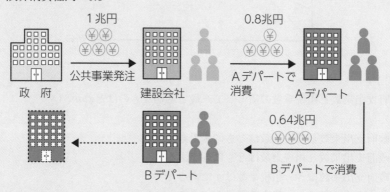

この循環（建設会社　⇒　Aデパート　⇒　Bデパート……）が社会全体で無限に繰り返されるとすると、国民全体での所得の増加は以下のように計算できます。

国民所得の増加分ΔY　＝　建設会社の社員の収入1兆円＋Aデパートの社員の収入0.8兆円＋Bデパートの社員の収入0.64兆円＋……

以上を計算すると……

$$\Delta Y = \frac{1}{1-c} \Delta G$$

$$\Delta Y = \frac{1}{1-c} \Delta G = \frac{1}{1-0.8} \times 1 = 5$$

すなわち、政府支出が1兆円増えると、国民所得は5兆円増加します。

このとき、$\frac{1}{1-c}$を政府支出乗数といいます。

$$\frac{1}{1-c} ：政府支出乗数$$

1－限界消費性向c＝限界貯蓄性向sであるので、政府支出乗数は、以下のように書き換えることもできます。

$$政府支出乗数 = \frac{1}{1-c} = \frac{1}{s}$$

政府支出乗数は、限界貯蓄性向 s の逆数となります。

✒ Keyword

▶ **政府支出乗数**

　政府支出乗数とは、政府支出が1単位変化したときに、国民所得がその何倍変化するかを表すものです。また、政府支出乗数は、限界貯蓄性向の逆数で表されます。

過去問　トライアル解答(1)　

過去問　トライアル解答(2)　

☑チェック問題

　平均消費性向が高くなると、減税の租税乗数が大きくなる。　　　　⇒×

▶　平均消費性向ではなく、限界消費性向である。

9 乗数効果
乗数効果の応用(1)

学習事項 租税乗数，均衡予算乗数

このテーマの要点

増税の経済効果は！

　ここでは、まず租税乗数を説明します。ここ
で租税は、所得税を意味します。私たちは、稼
いだ所得から所得税を支払います。この所得税
が増税されると、その分だけ手取り収入（正確
には可処分所得といいます）が減少します。そ

| ダムの建設 | = | 所得税増税 |

↓

| 均衡予算乗数 |

の結果、消費が減少し、景気が冷え込んでしまいます。こうした経済効果について、
計算で確認していきます。また、政府がダムなどの建設のために支出を行うには、
財源が必要となります。そこで、政府支出の増加分をすべて増税で賄った場合の
経済効果を分析します。

過去問 トライアル	令和3年度　第5問（設問1）
	乗数
類題の状況	R03-Q5(2)　H26-Q4(2)　H25-Q4　H18-Q4(1)　H13-Q1

　生産物市場の均衡条件は、総需要＝総供給である。総需要ADと総供給ASが以
下のように表されるとき、下記の設問に答えよ。

$$AD = C + I + G$$
$$C = C_0 + c\,(Y - T)$$
$$AS = Y$$

ここで、Cは消費、Iは投資、Gは政府支出、C_0は基礎消費、cは限界消費性
向（$0 < c < 1$）、Yは所得、Tは租税である。

（設問）

　乗数に関する記述として、最も適切な組み合わせを下記の解答群から選べ。

a　均衡予算乗数は、$\dfrac{1}{1-c}$ である。

b　政府支出乗数は、$\dfrac{1}{1-c}$ である。

c 租税乗数は、$\dfrac{1}{1-c}$ である。

d 投資乗数は、$\dfrac{1}{1-c}$ である。

〔解答群〕

ア aとb

イ aとc

ウ bとc

エ bとd

オ cとd

1 租税乗数とは

　租税の変化分と国民所得の変化分の関係は、以下のように示されます。ここで、租税乗数とは、租税（所得税）T（Tax）が1単位だけ変化した場合、国民所得Yが何単位変化するかを表すものです。

$$\Delta Y = \dfrac{-c}{1-c} \cdot \Delta T$$（租税がΔT増えると、国民所得Yは$\dfrac{c}{1-c}$倍だけ減少します。）

$$\dfrac{-c}{1-c}：租税乗数$$

2 政府支出乗数と租税乗数の比較

　以下では、政府支出を増加させた場合と減税を同規模（同じ金額）で実施した場合の経済効果を比較します。

　＊ 政府支出乗数 $\dfrac{1}{1-c}$ ＞ 減税乗数 $\dfrac{c}{1-c}$

Example 政府支出の増減と国民所得の変化（限界消費性向 c ＝0.8）

① 1兆円政府支出を増加した場合

$$\Delta Y = \dfrac{1}{1-c} \cdot \Delta G \qquad \dfrac{1}{1-c}=5 \qquad \Delta G=1兆円$$

∴ $\Delta Y = 5 \times 1兆円 = 5兆円$

② 1兆円減税した場合

$$\Delta Y = \frac{-c}{1-c} \cdot \Delta T \qquad \frac{-c}{1-c} = -4 \qquad \Delta T = -1兆円$$

$$\therefore \quad \Delta Y = -4 \times (-1兆円) = 4兆円$$

以上の計算結果より、政府支出乗数の方が減税乗数よりも大きくなります。つまり、同じ規模で政府支出を増加させた場合と減税を行った場合を比較すると、政府支出を増加させた方が減税を行うよりも大幅に国民所得が増えるのです。

3 均衡予算乗数

均衡予算とは、政府支出の増加分を全額増税で賄うことを意味します（国債を発行して財源を調達したりしません）。

> 均衡予算：ΔG＝ΔT

$$\Delta Y = \frac{1}{1-c} \cdot \Delta G + \frac{-c}{1-c} \cdot \Delta T = \frac{1}{1-c} \cdot \Delta G + \frac{-c}{1-c} \cdot \Delta G$$

$$= \frac{1-c}{1-c} \cdot \Delta G = 1 \cdot \Delta G$$

上記の計算結果より、均衡予算乗数＝1となります。つまり、均衡予算の場合、政府支出の増加分ΔGだけ国民所得が増加します。均衡予算を維持しつつ政府支出を拡大すると、景気対策としては有効となります。政府支出を増加させる場合、財源の全額を増税で賄ったとしたら、景気は拡大しないというのは誤りです。これは、上述のように、政府支出乗数の方が租税乗数よりも大きいことに起因しています。

⚷ Keyword

▶ **租税乗数**

租税乗数とは、租税（所得税）が1単位変化した場合、国民所得が何単位変化するかを表すものです。

租税乗数 $= \dfrac{-c}{1-c}$

▶ **均衡予算乗数**

均衡予算乗数とは、均衡予算を維持しながら政府支出を増やした場合、どれくらい国民所得が変化するかを表すものであり、閉鎖経済で定額税を仮定すると、均衡予算乗数は1になります。

☑**チェック問題**

限界貯蓄性向が大きいほど、租税乗数は大きくなる。　⇒×

▶　限界貯蓄性向が大きいほど、租税乗数は小さくなる。

10 乗数効果

乗数効果の応用(2)

学 習 事 項 限界輸入性向，外国貿易乗数

このテーマの要点

開放経済、比例税率を想定した場合の乗数効果を理解する！

ここでは、海外との貿易を考えた開放経済で、比例税率を設定した場合の乗数効果について説明します。導出過程は複雑になるので、計算結果だけを暗記するようにしましょう。ただし、今まで学習してきた閉鎖経済モデルと開放経済モデルの簡単な違いは理解しておく必要があります。開放経済モデルは、輸出や輸入を含めたモデルですが、このとき「限界輸入性向」という概念が重要になります。

開放経済モデル　⇒　限界輸入性向

閉鎖経済下の 政府支出乗数	＞	開放経済下の 政府支出乗数

過去問 トライアル	平成21年度　第4問（設問2）
	乗数効果
類題の状況	R03-Q9

輸出の変化に伴う外国貿易乗数として最も適切なものはどれか。

ア　$\dfrac{1}{1-c}$

イ　$\dfrac{1}{1-c+m}$

ウ　$\dfrac{1}{1-c-m}$

エ　$\dfrac{1}{c-m}$

1 限界輸入性向

　海外との貿易を考える上で重要になるのが、限界輸入性向mという概念です。限界輸入性向とは、ある状態から所得が1単位増加した場合に輸入がどれくらい増加するかを表すものです。例えば、お年玉でおばあちゃんから1万円もらって、2千円だけ輸入品を買ったら、限界輸入性向m＝0.2となります。

$$限界輸入性向 m = \frac{輸入の増加分}{所得の増加分} = \frac{2,000}{10,000} = 0.2$$

2 政府支出乗数と租税乗数

　以下では、海外との貿易を考慮した開放経済モデルにおける政府支出乗数と租税乗数を設定します。ただし、所得税の比例税率を t とします。

❶ 政府支出乗数

$$\Delta Y = \frac{1}{1 - c(1-t) + m} \Delta G$$

$$\frac{1}{1 - c(1-t) + m} : 政府支出乗数$$

❷ 租税乗数

$$\Delta Y = \frac{-c}{1 - c(1-t) + m} \Delta T$$

$$\frac{-c}{1 - c(1-t) + m} : 租税乗数$$

一般に、閉鎖経済よりも開放経済の方が乗数は小さくなることがわかります。

$$\underset{\text{[閉鎖経済]}}{\frac{1}{1-c}}:政府支出乗数 \quad > \quad \underset{\text{[開放経済]}}{\frac{1}{1-c+m}}:政府支出乗数$$

　これは、以下のように説明されます。開放経済の場合には、各デパートの中に外国企業が入ります。

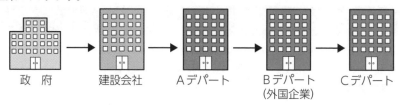

政　府　→　建設会社　→　Aデパート　→　Bデパート（外国企業）　→　Cデパート

　したがって、外国企業の売上が増加し、国内の景気はあまり良くなりません。したがって、乗数効果は小さくなるのです。

♂ Keyword

▶　**限界輸入性向**

　限界輸入性向とは、ある状態から国民所得が1単位変化した場合、輸入が何単位変化するかを表します。

▶　**外国貿易乗数**

　外国貿易乗数とは、輸出が増加した場合、国民所得がどれくらい増加するかを意味します。海外向けの輸出が増加すると輸出業者の所得が増加し、派生的にデパートなどでの消費が増加し、国民所得が何倍も増加します。これは、政府支出乗数と同じ値になります。

$$外国貿易乗数 = \frac{1}{1-c\,(1-t)\,+m}$$

過去問 トライアル解答　▶　**イ**

☑チェック問題

政府支出の拡大と増税を同規模で行った場合、GDPは一定に維持される。

⇒×

▶ 均衡予算乗数は1になり、GDPは増加する。

学説対立

11 セイの法則とケインズの有効需要の原理

学習事項 価格調整，数量調整

このテーマの要点

セイの法則とケインズの有効需要の原理との差異は!?

ケインズが登場する以前の古典派によると、市場では価格調整が行われるものとされていました。特に、セイは、市場では価格調整機能が働くことによって「供給が自らそれに等しい需要を創り出す」という有名なフレーズを残しています。これはセイの法則と呼ばれます。

それに対してケインズは、市場では価格

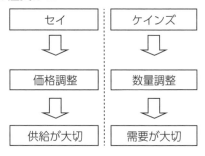

調整ではなく、数量調整が行われるものと主張しました。ケインズは、セイの法則を否定し、（総）供給よりも（総）需要が大切になると考えました。

過去問 トライアル	平成20年度　第4問
	古典派のセイの法則
類題の状況	－

次の古典派マクロ経済学に関する文章中の空欄AおよびBに入る最も適切なものの組み合わせを下記の解答群から選べ。

古典派マクロ経済理論では、市場の価格調整メカニズムが万全であり、物価および名目賃金が上下に伸縮的であると考える。このため、労働市場では常に完全雇用が実現し、GDPは完全雇用GDPの水準と一致する。古典派マクロ経済理論では　A　が成立し、　B　サイドからGDPが決定されると主張する。

〔解答群〕

ア　A：セイの法則　　　　B：供給

イ　A：セイの法則　　　　B：需要

ウ　A：有効需要の原理　　B：供給

エ　A：有効需要の原理　　B：需要

1 古典派のセイの法則

古典派（ケインズ以前）のセイの法則とは、以下の内容で表されます。

古典派（ケインズ以前）のセイの法則：供給は、自らそれに等しい需要を創り出す。

この点について、以下のように説明されます。

例えば、小麦の生産が100であるとします。この小麦は、価格調整によりすべて需要されます。したがって、小麦の生産額が国民の所得となります。つまり、どれだけ生産するかが、国民所得の大きさを決めます。経済規模を考える上で、生産（総供給）が大切であると考えます。

2 ケインズの有効需要の原理

ケインズの有効需要の原理とは、以下の内容で表されます。

ケインズの有効需要の原理：有効需要が国民所得を決定する。

有効需要（総需要）：財やサービスに対する支出額
：個人消費 C、民間投資 I、政府支出 G、輸出 X

この点について、以下のように説明されます。

ケインズは、市場では価格が硬直的になり、企業は数量で調整することになると考えます。このとき、生産されたものがすべて販売されるわけではありません。すなわち、どれだけ作ったかではなく、どれだけ需要されたかで（顧客がどれだけ買っていったかで）、国民所得が決まります。経済規模を考える上で支出（総需要）が大切であると考えます。

ケインズは、上述のように古典派のセイの法則を否定しました。こうした見解の相違は、市場おける価格調整機能を重視するか数量調整機能を重視するかが原因となって起こります。

♂ Keyword

▶ 古典派のセイの法則

古典派のセイの法則とは、供給が自らそれに等しい需要を創り出すというものです。

▶ ケインズの有効需要の原理

ケインズの有効需要の原理とは、有効需要（総需要＝支出）の大きさが、国民所得の大きさを決めるというものです。

☑チェック問題

古典派のセイの法則とは、需要はそれに等しい供給を作り出すというものである。　　　　　　　　　　　　　　　　　　　　　　　　　　　　　⇒×

▶　古典派のセイの法則とは、供給はそれに等しい需要を作り出すというものである。

MEMO

12 景気安定化
裁量的財政政策と自動安定化装置

学習事項 フィスカルポリシー，ビルトイン・スタビライザー

このテーマの要点

政府の雇用対策は！

政府の果たす役割として、最も重要な
ことは景気の安定です。例えば、雇用な
どの問題が重要になります。自由主義経
済の下では、必然的に景気変動は起こり
ます。その結果、所得格差の問題や失業
者の問題など様々な問題が発生します。

```
          景気安定化策
```

```
裁量的財政政策        自動安定化装置
```

こうした問題を解決することが政府に課せられた重要な役割といえます。そこで、
ここでは政府の行う景気安定化策について説明します。景気を安定化させる策と
しては、大きく2つあります。裁量的財政政策と自動安定化装置です。

過去問 トライアル	平成28年度　第10問
	自動安定化装置
類題の状況	H16-Q6(2)

財政制度の改正にはそれぞれの目的があるが、これは同時に、財政のビルトイン・
スタビライザーの機能にも影響する。財政のビルトイン・スタビライザーの機能に
関する記述として、最も適切なものの組み合わせを下記の解答群から選べ。

a　子育て支援における低所得者向けの給付の拡充は、ビルトイン・スタビライ
ザーの機能を低下させる。

b　所得税における最高税率の引き上げは、ビルトイン・スタビライザーの機能
を高める。

c　生活保護における生活扶助費の引き下げは、ビルトイン・スタビライザーの
機能を高める。

d　失業者に対する失業給付の拡充は、ビルトイン・スタビライザーの機能を高
める。

〔解答群〕

ア aとc

イ aとd

ウ bとc

エ bとd

1 裁量的財政政策（フィスカルポリシー）

　裁量的財政政策とは、その場の状況に応じた財政政策を意味します。通常は、国会で予算を議決した後に発動されます。例えば、前述の乗数効果などに期待するのは、裁量的財政政策となります。

　この裁量的財政政策は、景気動向に応じて以下のように発動されます。

・景気過熱時

　　景気過熱時には、個人消費が多くなっています。こうした状況では、財政支出縮小、増税を行う必要があります。その結果、個人消費の増加を抑制することができ、景気を安定させることができます。

・景気低迷時

　　景気低迷時には、個人消費が少なくなっています。こうした状況では、財政支出拡大、減税を行う必要があります。その結果、個人消費の減少に歯止めをかけることができ、景気を安定させることができます。

2 自動安定化装置（ビルトイン・スタビライザー）

　自動安定化装置とは、景気を自動的に安定化させる仕組みです。この自動安定化装置として機能するものには、歳入面と歳出面の2種類があります。

　スタビライザーとは乗り物に取りつけ、操縦時の不規則なゆれや転倒、転覆を防ぐ装置のことで、安定化装置と訳されます。この安定化装置を制度として社会の中に組み込む（ビルトイン）ことを意味しています。

❶歳入面（政府の収入：税収）：累進課税制度

・景気過熱時

　　景気が過熱しているときには所得が多く、個人消費も多くなっています。このとき、適用税率が高くなります。その結果、政府の税収は増えます（自然増収）。その結果、個人消費の増加が抑制されます。そのため、景気が安定します。

・景気低迷時

　　景気が低迷しているときには所得が少なく、個人消費も少なくなっています。その結果、適用税率が低下します。そのため、政府の税収は減り、個人消費の減少に歯止めがかけられます。そのため、景気が安定します。

また、累進所得税だけでなく、法人税（比例税）もビルトイン・スタビライザーとして機能します。つまり、所得税も法人税も所得が課税ベースである点は共通であり、景気に左右されやすいという特徴を有します（所得税は個人の所得に、法人税は企業の所得に課税されます）。こうした税制は、ビルトイン・スタビライザーとして機能します。

②歳出面（政府の支出：社会保障制度）：失業給付

- 景気過熱時

　　景気が過熱しているときには、個人消費が多く、失業者が少なくなりますので、政府から支給される失業給付は少なくなります。その結果、個人消費の増加が抑制され、景気が安定します。

- 景気低迷時

　　景気が低迷しているときには、個人消費が少なく、失業者が多くなりますので、政府から支給される失業給付は多くなります。その結果、個人消費の減少に歯止めがかけられ、景気が安定します。

⚷ Keyword

▶　**裁量的財政政策（フィスカルポリシー）**

　裁量的財政政策とは、政府がその場の景気動向に応じて、政府支出や租税を増減させることによって、景気の安定を図ることを意味します。

▶　**自動安定化装置（ビルトイン・スタビライザー）**

　自動安定化装置とは、景気を自動的に安定化させる仕組みを社会の制度として組み込むことを意味します。

過去問　トライアル解答　▶　**エ**

☑チェック問題

　累進的な所得税は景気後退を自動的に防止する役割を果たすが、これを「裁量的財政政策」と呼ぶ。　　　　　　　　　　　　　　　　　　　　　　　⇒×

▶　裁量的財政政策ではなく、自動安定化装置である。

貨幣市場の均衡

貨幣市場の均衡

1 各テーマの関連

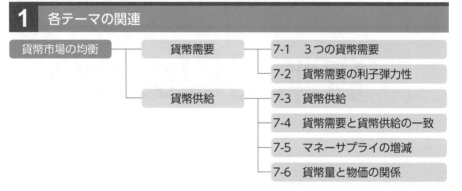

貨幣市場の均衡 ── 貨幣需要 ── 7-1　3つの貨幣需要
　　　　　　　　　　　　　　└─ 7-2　貨幣需要の利子弾力性
　　　　　　　　└─ 貨幣供給 ── 7-3　貨幣供給
　　　　　　　　　　　　　　├─ 7-4　貨幣需要と貨幣供給の一致
　　　　　　　　　　　　　　├─ 7-5　マネーサプライの増減
　　　　　　　　　　　　　　└─ 7-6　貨幣量と物価の関係

　本章では、貨幣市場の均衡について説明します。貨幣市場の均衡とは、貨幣需要と貨幣供給が一致した状態を意味します。私たちは、日常生活を営む上で、貨幣を必要とします。これを貨幣需要といいます。例えば、国民全体として100兆円だけ貨幣が必要であれば、貨幣需要は100兆円となるのです。

　一方、貨幣を市場に供給するのは、中央銀行（日本銀行）です。日銀は、唯一の発券銀行であり、様々な手段を用いて貨幣を市場に供給することになります。特に、景気が低迷しているような状況においては、通常は貨幣を増やすような政策（金融緩和政策）を発動することになります。例えば、貨幣が100兆円だけ市場に供給されれば、貨幣供給量（マネーサプライ）が100兆円となります。

　このとき、貨幣需要と貨幣供給はともに100兆円となり、一致しています。これが、貨幣市場が均衡しているという状態です。

　このように貨幣市場が均衡することによって、市場利子率が決定されます。これを「流動性選好理論」といいます。

2 出題傾向の分析と対策

① 出題傾向

#	テーマ	H26	H27	H28	H29	H30	R01	R02	R03	R04	R05
7-1	3つの貨幣需要										1
7-2	貨幣需要の利子弾力性										
7-3	貨幣供給	1						1	1		1
7-4	貨幣需要と貨幣供給の一致				1						
7-5	マネーサプライの増減				1		1				1
7-6	貨幣量と物価の関係	1								1	1

② 対策

　貨幣市場の均衡については、貨幣需要よりも貨幣供給（マネーサプライ）に関する内容が、頻繁に出題されています。この貨幣供給（マネーサプライ）については、日銀の金融政策と関連します。日銀が、どのような手段を用いて貨幣供給（マネーサプライ）を変動させるのか、といった内容は最重要論点であるといえますので、しっかりと理解しておいてください。また、古典派の貨幣数量説といった学説についても、問われたことがあるので軽視することはできません。簡単でよいので、内容を覚えておいてください。

　また、貨幣需要に関しては、貨幣需要の利子弾力性を理解する必要があります。その上で、「ケインズの流動性のわな」という状況を理解しましょう。「ケインズの流動性のわな」については、過去に何度も出題されている重要論点ですから、しっかりと理解しておきましょう。

3 学習のポイント

- ケインズの貨幣需要：3つの動機に基づく貨幣需要を理解しましょう。
- 貨幣需要の利子弾力性：ケインズの流動性のわなを理解しましょう。
- ハイパワードマネーとマネーサプライ：貨幣乗数の意味を理解しましょう。
- 金融政策の手段：3つの金融政策について理解しましょう。
- 古典派の貨幣数量説：簡単に意味を理解しましょう。

1 貨幣需要
3つの貨幣需要

学 習 事 項 ケインズの貨幣需要

このテーマの要点

貨幣はなぜ必要なのか！

貨幣市場とは、貨幣需要と貨幣供給を分析する市場です。また、貨幣市場の均衡とは、貨幣需要と貨幣供給が一致する状態を意味します。まず、ここでは貨幣需要について説明します。ケインズによると、貨幣需要は3つに区分される点を理解しましょう。

貨幣需要	取引的動機
	予備的動機
	投機的動機

過去問 トライアル	オリジナル問題
	貨幣需要
類題の状況	R05-Q8(再)

貨幣需要に関する記述として最も適切なものはどれか。

ア 貨幣の取引的動機に基づく需要は、国民所得の減少関数となる。

イ 貨幣の投機的動機に基づく需要は、国民所得の減少関数となる。

ウ 貨幣の取引的動機に基づく需要は、国民所得の増加関数となる。

エ 貨幣の予備的動機に基づく需要は、利子率の減少関数となる。

1　ケインズの貨幣需要

　人々が保有したいと思う貨幣の量を貨幣需要といい、ケインズによると貨幣需要は以下の3つに区分されます。

① 取引的動機に基づく貨幣需要（取引のために貨幣が必要!!）

　取引の目的で、貨幣を必要とする需要です。

② 予備的動機に基づく貨幣需要（何かのときのために貨幣が必要!!）

　将来の不測の事態に備えて、予備的に貨幣を必要とする需要です。

　ケインズは、取引的動機と予備的動機の2つをまとめてL_1と表記し、国民所得Yの増加関数と考えました。（Y↑　⇒　L_1↑）

　（例）国民所得Y＝490兆円　　　取引のため＋予備的に　……L_1＝100兆円

　　　　国民所得Y＝500兆円　　　取引のため＋予備的に　……L_1＝110兆円

③ 投機的動機に基づく貨幣需要（将来債券を買うために貨幣が必要!!）＝タンス預金

　貨幣と債券との選択において貨幣を必要とします。これをL_2と表記し、利子率rの減少関数と考えました。（r↓　⇒　L_2↑）

（説明）

　例えば、利子率rが低下したとします。このとき、債券の取引価格が上昇します（利子率と債券価格は反対に動きます）。そのため、債券投資は不利となります（安く買って高く売るのが儲けるコツです）。したがって、現状では貨幣のままタンスにしまっておいた方がよいでしょう（将来の債券投資に備えます）。以上より、貨幣の必要性が高まります。つまり、債券から貨幣へと国民の意識の流れが生じます（流動性L：Liquidity）。したがって、貨幣需要L_2が増加します。

（例）利子率2％

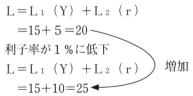

$$L = L_1 (Y) + L_2 (r)$$
$$= 15 + 5 = 20$$

利子率が1％に低下

$$L = L_1 (Y) + L_2 (r)$$
$$= 15 + 10 = 25$$

増加

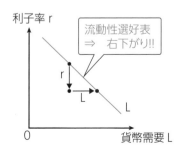

7

貨幣市場の均衡

過去問　トライアル解答　**ウ**

☑チェック問題

　ケインズの貨幣需要によると、貨幣の投機的動機に基づく需要は国民所得の減少関数となる。　　　　　　　　　　　　　　　　　　　　　　　　⇒×

▶ 　貨幣の投機的動機に基づく需要は利子率の減少関数となる。

貨幣需要
貨幣需要の利子弾力性

学 習 事 項　貨幣需要の利子弾力性，ケインズの流動性のわな

このテーマの要点

利子率が変化すると貨幣需要がどの程度変化するか！

ここでは、貨幣需要の利子弾力性について説明します。特に、ケインズの流動性のわなは重要な概念なので、しっかりと理解しましょう。

> 流動性のわな
>
> ⬇
>
> 利子率が下限!!

過去問 トライアル	平成15年度　第11問（設問1）
	流動性のわな
類題の状況	－

「流動性のわな」について、最も適切なものはどれか。

ア 貨幣需要の利子弾力性が小さく、貨幣の流動性選好表が垂直になる状態

イ 貨幣需要の利子弾力性が小さく、貨幣の流動性選好表が水平になる状態

ウ 貨幣需要の利子弾力性が無限大となり、貨幣の流動性選好表が垂直になる状態

エ 貨幣需要の利子弾力性が無限大となり、貨幣の流動性選好表が水平になる状態

1 貨幣需要の利子弾力性

　貨幣需要の利子弾力性とは、利子率が1％変化した場合に貨幣需要が何％変化するかを表すものです。それぞれ、大きい場合と小さい場合では下記のような特徴があります。

貨幣需要の利子弾力性：大	貨幣需要の利子弾力性：小
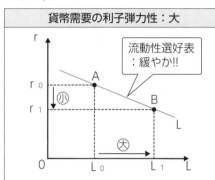	
利子率が少し下がると貨幣需要がたくさん増えています。これを、貨幣需要の利子弾力性が大きいといいます。このとき、流動性選好表の傾きが緩やかとなります。	利子率が大幅に下がっても貨幣需要があまり増えません。これを、貨幣需要の利子弾力性が小さいといいます。このとき、流動性選好表の傾きが急となります。

　ここで極端な例を考えてみましょう。貨幣需要の利子弾力性が、無限に大きい場合とゼロの場合です。

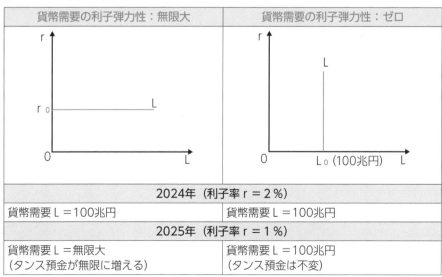

貨幣需要の利子弾力性：無限大	貨幣需要の利子弾力性：ゼロ
2024年（利子率 r = 2％）	
貨幣需要 L = 100兆円	貨幣需要 L = 100兆円
2025年（利子率 r = 1％）	
貨幣需要 L = 無限大 （タンス預金が無限に増える）	貨幣需要 L = 100兆円 （タンス預金は不変）

流動性のわなとは、利子率が下限(債券価格が上限)の状態をいいます。このとき、誰も債券を買いません(すべて資産は貨幣で保有します)。この場合、流動性選好表が水平に描かれますので、**貨幣需要の利子弾力性が無限大**になっています。

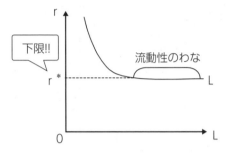

♂ Keyword

▶ **ケインズの流動性のわな**

　ケインズの流動性のわなとは、利子率が下限に達した状態を意味します。また、このとき、貨幣需要の利子弾力性が無限大となっています。

過去問 トライアル解答 ▶ **エ**

☑チェック問題

　ケインズの流動性のわなの状況では、債券価格が下限に達している。　　⇒×

▶ 利子率が下限に達し、債券価格は上限に達している。

3 貨幣供給

貨幣供給

学習事項 ハイパワードマネー，貨幣供給（マネーサプライ），貨幣乗数

このテーマの要点

お金はどのように市場に出回るか！

ここでは、貨幣供給について説明します。日本銀行は、唯一の発券銀行であり、貨幣がどのように市場に供給されるのかを説明します。金融政策の基礎として重要ですから、しっかりと理解しましょう。

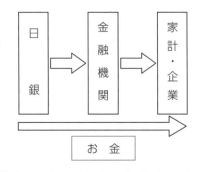

過去問 トライアル	令和3年度　第7問
	貨幣乗数
類題の状況	R05-Q11(1)　R02-Q10　H26-Q9　H15-Q7

貨幣乗数に関する記述として、最も適切な組み合わせを下記の解答群から選べ。

a　マネー・ストックが1単位増えると、マネタリー・ベースはその貨幣乗数倍だけ増加する。

b　金融機関の準備率が高くなると、貨幣乗数は小さくなる。

c　現金よりも預金で通貨を保有する傾向が高まると、貨幣乗数は小さくなり、マネタリー・ベースの増加に伴うマネー・ストックの増加の程度も小さくなる。

d　中央銀行は、マネタリー・ベースのコントロールを通じて、マネー・ストックを調整する。

〔解答群〕

ア　aとb

イ　aとc

ウ　bとc

エ　bとd

オ　cとd

1 ハイパワードマネーHと貨幣供給（マネーサプライ）M

①ハイパワードマネーH

ハイパワードマネーHとは、日銀が直接コントロール（管理）できる貨幣です。ハイパワードマネーとは、直訳すると「強い力を持つ貨幣」ということになります。これは、日銀が1単位のハイパワードマネーを増やすとその何倍もマネーサプライが増加することに由来します。このハイパワードマネーは、マネタリーベースやベースマネーといわれることがあります。

> ハイパワードマネーH＝現金C＋支払準備金R

※現金C＝Cash　支払準備金R＝Reserve

日銀は唯一の発券銀行として、貨幣（現金C）の量を調節できます。また、市中銀行が日々の業務の支払いに備えて保有している支払準備金Rも日銀が調節できる管理可能な貨幣です。この支払準備金は、日銀に当座預金口座を開設し、そこに準備しているので、日銀当座預金と呼ばれることもあります。結局、日銀は、現金Cや支払準備金Rを管理しているのです。

②貨幣供給（マネーサプライ、マネーストック）M

貨幣供給（マネーサプライM）とは、家計や企業が持っているお金です。

> マネーサプライM＝現金C＋預金D

※預金D＝Deposit

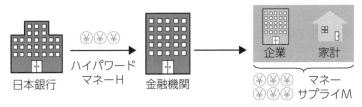

貨幣乗数とは、日銀がハイパワードマネーHを「1単位」増やしたときに、マネーサプライが「何単位」増加するかを表すものです。

$$\text{貨幣乗数} = \frac{\dfrac{C}{D} + 1}{\dfrac{C}{D} + \dfrac{R}{D}} \quad (\frac{C}{D}: \text{現金預金比率}、\quad \frac{R}{D}: \text{支払準備率})$$

以下で、ハイパワードマネーHとマネーサプライMの関係について説明します。

$$\frac{M}{H} = \frac{C+D}{C+R} \Rightarrow M = \frac{C+D}{C+R}H \Rightarrow M = \frac{\dfrac{C}{D}+1}{\dfrac{C}{D}+\dfrac{R}{D}}H \Rightarrow \varDelta M = \frac{\dfrac{C}{D}+1}{\dfrac{C}{D}+\dfrac{R}{D}}\varDelta H$$

Example 貨幣乗数の計算

現金預金比率＝0.2（20％）　支払準備率（預金準備率）＝0.1（10％）

⇒　日銀が、貨幣を1兆円印刷し、市中銀行に貸したとします（$\varDelta H$＝1兆円）。

$$\varDelta M = \frac{\dfrac{C}{D}+1}{\dfrac{C}{D}+\dfrac{R}{D}}\varDelta H = \frac{0.2+1}{0.2+0.1} \times 1 兆円 = 4 \times 1 兆円 = 4 兆円$$

⇒　結局、マネーサプライMは4兆円増加します。

また、他の条件を一定にして、現金預金比率が上昇すると、貨幣乗数は低下します。

（例）現金預金比率＝0.1から0.2へと上昇（支払準備率＝0.1）

$$\text{貨幣乗数} = \frac{0.1+1}{0.1+0.1} = 5.5 \quad \Rightarrow \quad \text{貨幣乗数} = \frac{0.2+1}{0.2+0.1} = 4$$

また、他の条件を一定にして、支払準備率（預金準備率）が上昇すると、貨幣乗数は低下します。

3 銀行の信用創造機能

　銀行の信用創造機能とは、最初に預け入れられた預金つまり本源的預金の何倍もの預金を経済全体として創り出すことができるというものです。

　（イメージ）ただし、現金の存在は捨象します。

　ある個人が、A銀行に1,000万円を預金し、A銀行は準備金100万円を除いた900万円を中小企業に融資したとします。また、融資を受けた中小企業は、そのお金で仕入債務を返済したとします。そして、仕入債務の返済を受けた中小企業がB銀行に預金したとします。さらに、B銀行は、900万円のうち準備金90万円を除いた810万円を中小企業に融資したとします。

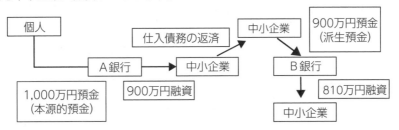

　⇒　この時点で、当初の預金1,000万円（本源的預金）＋900万円の預金（派生預金）となります。

　このように銀行の信用創造機能によって、本源的預金の何倍もの預金を経済全体として創り出すことができるのです。

　また、銀行の信用創造機能が活発になれば、家計や企業への貸出が増加し、支払準備率（預金準備率）が低下すると考えられるので、貨幣乗数は上昇します。

⚷ Keyword

▶　**ハイパワードマネー（マネタリーベース、ベースマネー）**

　ハイパワードマネーとは、日銀が管理している貨幣であり、現金と支払準備金の合計となります。

▶　**マネーサプライ（現在ではマネーストックと呼ばれます）**

　マネーサプライとは、家計や企業が保有している現金と預金の合計となります。

7

貨幣市場の均衡

▶　貨幣乗数

　貨幣乗数とは、日銀がハイパワードマネーを1単位変化させた場合に、マネーサプライが何単位変化するかを表します。

$$貨幣乗数 = \frac{\dfrac{C}{D} + 1}{\dfrac{C}{D} + \dfrac{R}{D}}$$

▶　支払準備金

　支払準備金とは、市中銀行が日々の銀行業務の支払いなどに備えて保有する準備金を意味します。この支払準備金は、日銀に当座預金口座を開設し、そこに保管しています。したがって、支払準備金は、日銀当座預金とも呼ばれます。

過去問　トライアル解答 **エ**

☑チェック問題

現金預金比率が上昇すると、貨幣乗数は低下する。　　　　　　　　　⇒○

（参考）　現金預金比率＝0.1、支払準備率＝0.1

　　　⇒　貨幣乗数 ＝ $\dfrac{0.1 + 1}{0.1 + 0.1} = 5.5$

　　　現金預金比率＝0.2、支払準備率＝0.1

　　　⇒　貨幣乗数 ＝ $\dfrac{0.2 + 1}{0.2 + 0.1} = 4$

貨幣供給
4 貨幣需要と貨幣供給の一致

学 習 事 項　貨幣市場の均衡

このテーマの要点

貨幣市場の均衡によって利子率は決定される！

ここでは、貨幣市場の均衡について説明します。貨幣市場の均衡とは、貨幣供給と貨幣需要が一致することを意味します。その上で、貨幣供給や貨幣需要が変化した場合に利子率がどのように変化するかを説明することにします。

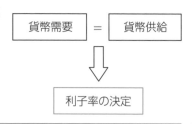

過去問 トライアル	平成29年度　第7問
	マネタリーベース
類題の状況	H22-Q6　H13-Q2

2016年9月、日本銀行は金融緩和強化のための新しい枠組みとして「長短金利操作付き量的・質的金融緩和」を導入した。この枠組みでは、「消費者物価上昇率の実績値が安定的に2％を超えるまで、マネタリーベースの拡大方針を継続する」こととされている。

マネタリーベースに関する記述として、最も適切なものの組み合わせを下記の解答群から選べ。

　　a　マネタリーベースは、金融部門から経済全体に供給される通貨の総量である。
　　b　マネタリーベースは、日本銀行券発行高、貨幣流通高、日銀当座預金の合計である。
　　c　日本銀行による買いオペレーションの実施は、マネタリーベースを増加させる。
　　d　日本銀行によるドル買い・円売りの外国為替市場介入は、マネタリーベースを減少させる。

〔解答群〕
ア　aとc
イ　aとd
ウ　bとc
エ　bとd

1 流動性選好理論

　流動性選好理論とは、貨幣市場の均衡で利子率 r が決定されるとした理論です。ここでは、マネーサプライM（＝現金C＋預金D）は一定とします。

> 名目マネーサプライM＝現金C＋預金D
>
> 実質マネーサプライ＝$\dfrac{M}{P}$　（P：物価水準）

Example　実質マネーサプライ

　名目マネーサプライM＝現金＋預金＝100兆円　　※物価P＝100円

　実質マネーサプライ $\dfrac{M}{P} = \dfrac{100兆円}{100円} = 1兆$（個）

　実質マネーサプライを見ると、100兆円のお金で1兆個の物が買えることがわかります。実質マネーサプライは何個買えるかといった数量で表示します。

　ただし、一般に物価P＝1円とすると、名目マネーサプライ＝実質マネーサプライとなります（とりあえず、両者は区別しなくて結構です）。

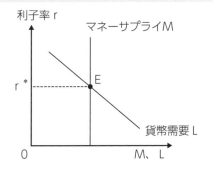

　流動性選好表（貨幣需要）が右下がりで描かれ、マネーサプライを利子率に無関係に一定であるとすると、図のように、貨幣市場の均衡によって利子率が r* となります。これが流動性選好理論です。

　他の条件を一定にしてマネーサプライM（＝現金＋預金）が増加すると、利子率が低下します（上図）。他の条件を一定にして貨幣需要Lが増加すると、利子率が上昇します（下図）。

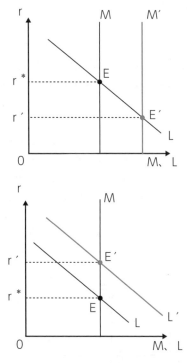

♂ Keyword

▶　**マネーサプライの増減と利子率の変化**

　他の条件を一定にして、マネーサプライが増加（減少）すると、利子率は低下（上昇）します。

▶　**貨幣需要の増減と利子率の変化**

　他の条件を一定にして、貨幣需要が増加（減少）すると、利子率は上昇（低下）します。

過去問　トライアル解答　▶　**ウ**

☑チェック問題

　マネーサプライが増加すると利子率は低下し、貨幣需要が増加すると利子率は上昇する。　　　　　　　　　　　　　　　　　　　　　　　⇒○

5　貨幣供給
マネーサプライの増減

学習事項　支払準備率，法定準備率，公定歩合操作，公開市場操作，法定準備率操作

このテーマの要点

日銀はどのようにして貨幣を増減させるか！

ここでは、どのようにして日銀がマネーサプライを変化させるかという金融政策について説明します。具体的には、①公定歩合操作、②公開市場操作、③法定準備率操作の3つの金融政策について説明します。各内容について、どのようにしてマネーサプライが増減するかをしっかりと理解しましょう。

過去問 トライアル	平成21年度　第6問
	金融政策
類題の状況	R05-Q8(再)　R01-Q6　H29-Q7　H24-Q8⑴⑵　H23-Q5 H18-Q5

いま、マネーサプライ（またはマネーストック）Mが流通現金通貨Cと預金Dから構成され、

$$M = C + D$$

とする。

また、ハイパワードマネーHは流通現金通貨Cと準備預金（日銀預け金）Rから構成される。

$$H = C + R$$

このとき、マネーサプライとハイパワードマネーとの間には、

$$M = \frac{C+D}{C+R} H \quad \cdots\cdots(1)$$

が成立し、分数部分について分母および分子を預金Dで割ると、

$$M = \frac{\dfrac{C}{D}+1}{\dfrac{C}{D}+\dfrac{R}{D}} H \quad \cdots\cdots(2)$$

である。

このうち、$\dfrac{C}{D}$ を現金 - 預金比率、$\dfrac{R}{D}$ を準備率とする。(2)式は、貨幣乗数を通じ

たマネーサプライとハイパワードマネーとの関係を表している。なお、過剰準備が存在せず、準備率は法定準備率に等しいと仮定する。このとき、(2)式の説明として最も適切なものの組み合わせを下記の解答群から選べ。

a　買いオペは、ハイパワードマネーを増加させ、マネーサプライの増加を生じさせる。
b　貨幣乗数は1より大きい。
c　公定歩合の引き下げは、ハイパワードマネーの減少を通じてマネーサプライの減少を引き起こす。
d　ハイパワードマネーが一定のもとで法定準備率を引き下げると、貨幣乗数が低下しマネーサプライは減少する。

〔解答群〕
ア　aとb　　イ　aとc　　ウ　aとd　　エ　bとc　　オ　bとd

1 支払準備率と法定準備率

　法定準備率とは、市中の銀行が私たちから預かっている預金のうち最低限いくら準備金として預かっているかを意味します。
　一方、支払準備率は、現実にいくら準備金を保有しているかを意味します。

$$法定準備率 = \frac{法律上最低限必要とされる支払準備金}{預金残高}$$

$$支払準備率 = \frac{現実に銀行が保有する支払準備金}{預金残高}$$

　ただし、今までは最低限の準備金しか保有していないことが多く、支払準備率と法定準備率はほとんど同じと考えて結構です。以下では、金融政策の手段(公定歩合操作、公開市場操作、法定準備率操作)について説明します。

2 公定歩合操作（現在は行われていません）

　公定歩合とは、中央銀行が市中銀行に貨幣を貸し出すときの貸出金利を意味します。公定歩合操作による効果としては、コスト効果とアナウンスメント効果（告知効果）があります。

Example　コスト効果

（例1）公定歩合低下の影響

　公定歩合が0.2％から0.1％に低下すると、市中銀行の日銀に対する支払利子の負担分が軽減されるので資金の借入が増えることが予想されます。

（例2）公定歩合上昇の影響

　公定歩合が0.1％から0.2％に上昇すると、市中銀行の日銀に対する支払利子の負担分が増加するので資金の借入が減ることが予想されます。

　以上より、日銀が公定歩合を上げると（下げると）
1　市中銀行が中央銀行から資金を借りるときの借入コスト（日銀への支払利子）が上昇（低下）します。
2　日銀からの資金の借入が減少（増加）します。
　　マネーサプライMは減少（増加）します。（＝コスト効果）

Example　アナウンスメント効果（告知効果）

中央銀行が公定歩合を下げると……
1　将来景気が上昇すると予想します（個人消費が増加するでしょう）。
2　企業は設備投資（ビル）を増加させ生産を拡大しようとします。
3　実際にも景気が上昇していくことが期待されます。

3 公開市場操作（オープン・マーケット・オペレーション）

　公開市場操作とは、日銀が市中の金融機関（銀行、証券会社）と手形や債券を売買することを意味します。

❶ 売りオペレーション（売りオペ）

　マネーサプライMは減少　⇒　金融引締政策

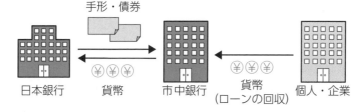

❷ 買いオペレーション（買いオペ）

　マネーサプライMは増加　⇒　金融緩和政策

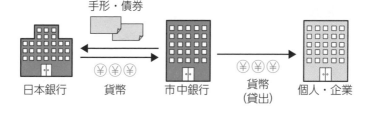

4 法定準備率操作

法定準備率操作とは、日銀が法定準備率を変更することを意味します。

Example　法定準備率の変更

（例1）日銀が法定準備率を低下させると……
1　市中銀行は、支払準備金を減らして、家計や企業などにお金を貸し出します。
2　マネーサプライMが増加します。

（例2）日銀が法定準備率を上昇させると……
1　市中銀行は、支払準備金を増やすので、家計や企業などにお金を貸し出しません。
2　マネーサプライMが減少します。

⚿ Keyword

▶　**公定歩合操作**

　中央銀行が、市中の金融機関に資金を貸し出す際に設定される金利のことを公定歩合といいます。また、この公定歩合を変更することを公定歩合操作といいます。

▶　**公開市場操作**

　中央銀行が市中の金融機関との間で手形や債券を売買することを公開市場操作といいます。

▶　**法定準備率操作**

　中央銀行が法定準備率を変更することを法定準備率操作といいます。

過去問　トライアル解答 ▶ **ア**

☑チェック問題

　銀行の貸し渋りが広がると、貨幣乗数は上昇する。　　　　　　　　⇒×

▶　貸し渋りが広がるということは、銀行の支払準備金が増加するので、支払準備率が上昇し、貨幣乗数は低下する。

MEMO

貨幣供給

6 貨幣量と物価の関係

学 習 事 項　フィッシャーの交換方程式，貨幣ヴェール観

このテーマの要点

お金が増えると物価が上がる！

　本テーマでは、古典派の貨幣数量説について説明します。貨幣数量説とは簡単にいうと、貨幣が増えても物価が上昇するだけで、まったく景気に影響を与えないという考え方です。この点について、フィッシャーの交換方程式を用いて説明します。

> お金が増えると……

> 物価が上がる!!

過去問 トライアル	平成19年度　第8問
	貨幣理論
類題の状況	R05-Q8(再)　R03-Q8　H26-Q10　H23-Q4　H21-Q7

　貨幣理論および金融政策に関する説明として、最も適切なものはどれか。

ア　貨幣数量説と完全雇用を前提とすれば、名目貨幣供給が増加しても実質貨幣供給は不変であるが、利子率の低下を通じて投資を刺激する。

イ　貨幣数量説と完全雇用を前提とすれば、名目貨幣供給の増加はそれと同率の物価の上昇を引き起こし、貨幣の中立性が成立する。

ウ　公定歩合の引き下げ、売りオペ、外貨準備の増加はハイ・パワード・マネーの増加を通じて貨幣供給量を増加させる。

エ　流動性選好理論では、所得の増加によって貨幣の投機的需要が増加すると考える。

オ　流動性選好理論では、利子率の低下によって貨幣需要が減少すると考える。

1 古典派の貨幣数量説

　古典派の貨幣数量説とは、貨幣供給量M（＝現金＋預金）と物価Pは比例するという考え方を意味します。この点を、フィッシャーの交換方程式を用いて説明します。

2 フィッシャーの交換方程式

> フィッシャーの交換方程式：MV＝PT
> （M：貨幣供給量、V：貨幣の流通速度、P：物価水準、T：取引量）

　※　貨幣の流通速度は、もちろん時速や分速などという測定尺度で測られるものではありません。ここでは、取引回数といった程度に理解しておいてください。したがって、回転数で測定されます。

Example ビールの取引とフィッシャーの交換方程式

　例えば、ある個人が400円のビールを1回に25本だけ酒屋に買いに行き、なくなったら銀行からお金を引き出して、再び買いに行くという取引を1ヶ月に4回行うと考えてみましょう。合計の取引量は100本となります。

　フィッシャーの交換方程式に、ビールの物価（価格）P＝400円、ビールの取引量T＝100本、V：4回転を代入します。

　　M　　V　＝　P　　T

　　M×4回転＝400円×100本

　∴貨幣供給M＝10,000円

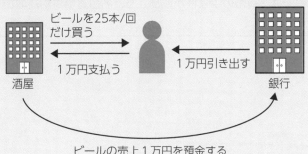

ビールの売上1万円を預金する

　こうした取引を成立させるためには、そもそもある個人が10,000円のお金を持っていればよいことになります。つまり、貨幣量（貨幣M）が10,000円だけ供給されればOKです。

　古典派は、貨幣の取引的動機に基づく需要のみを考慮しています（取引のために

のみお金が必要になります)。

　ここで、取引量Tと貨幣の流通速度Ｖを一定と仮定すると、貨幣供給量Mと物価水準Ｐには比例関係が成立します。

$$M = \frac{T}{V} P$$

　つまり、貨幣供給量Mを増加させると物価水準Ｐの比例的な上昇をもたらします。

　しかし、Mを増加させても、雇用や生産といった経済の実物的側面には影響を与えません。なぜなら、雇用や生産は労働市場で決まるため、貨幣供給量が増えても影響を受けないからです（金融政策は無効になります）。

　これを「古典派の２分法（貨幣ヴェール観）」といいます。貨幣ヴェール観とは、貨幣の世界は他の世界から独立しているので、ヴェールに包まれた状態となっているということです。

✒ Keyword

▶　**古典派の貨幣数量説**

　古典派の貨幣数量説とは、貨幣供給量が変化すると物価が比例して変化するので、実質マネーサプライは不変となり、中央銀行が貨幣供給量を変化させても景気には影響を与えない（中立である）とする考え方を意味します。

過去問 トライアル解答 ▶ **イ**

☑チェック問題

　貨幣数量説では、貨幣の中立性が成り立ち、名目貨幣供給が増加すると物価水準が同率で上昇する。　　　　　　　　　　　　　　　　　　　⇒○

IS−LM分析

IS−LM分析

1 各テーマの関連

IS−LM分析

IS曲線
- 8-1 IS曲線の意義
- 8-2 IS曲線のシフト
- 8-3 財市場の超過需要と超過供給

LM曲線
- 8-4 LM曲線の意義
- 8-5 LM曲線のシフト
- 8-6 貨幣市場の超過需要と超過供給

弾力性
- 8-7 投資の利子弾力性
- 8-8 貨幣需要の利子弾力性

財政政策と金融政策
- 8-9 財政政策とクラウディング・アウト
- 8-10 一般的な金融緩和政策
- 8-11 金融政策無効のケース

　本章では、IS−LM分析について説明します。そもそもIS−LM分析とは、政府の行う財政政策や中央銀行の行う金融政策の効果を分析するものです。

　このIS−LM分析は、しっかりと手順を踏んで理解していく必要があります。すなわち、IS曲線やLM曲線の作り方を理解し、それらのシフトも理解しておく必要があります。特に、各曲線のシフトが理解できていなければ、財政拡大政策や金融緩和政策の効果を判断することができません。

　財政拡大政策については、「クラウディング・アウト」という用語がキーワードになります。「クラウディング・アウト」とは、政府支出の増加が利子率の上昇および民間投資の減少を招き、景気を一部後退させてしまうという現象を意味します。図と合わせてしっかりと理解しておいてください。

　次に、金融緩和政策については、景気対策として「無効」になるケースが重要です。特に、ケインズの流動性のわなは、重要論点になります。

❶ 出題傾向

#	テーマ	H26	H27	H28	H29	H30	R01	R02	R03	R04	R05
8-1	IS曲線の意義										
8-2	IS曲線のシフト			1							1
8-3	財市場の超過需要と超過供給				1						
8-4	LM曲線の意義			1							
8-5	LM曲線のシフト										1
8-6	貨幣市場の超過需要と超過供給				1						
8-7	投資の利子弾力性							1			
8-8	貨幣需要の利子弾力性								1		
8-9	財政政策とクラウディング・アウト	1	1					1	1		
8-10	一般的な金融緩和政策	1									
8-11	金融政策無効のケース						2				

❷ 対策

　IS－LM分析については、全般的に最重要であり、テーマを絞り込まず、一通りしっかりと理解しておかなければなりません。ただし、強いて挙げれば、財政拡大政策を行う場合のクラウディング・アウトという内容と、金融緩和政策が無効になってしまう流動性のわなという内容は、最重要論点であるといえるでしょう。特に、ケインズの流動性のわなという状況については、貨幣市場の均衡のところで簡単に説明してきましたが、ここではなぜ金融緩和政策が無効になってしまうのかについて学習していきます。

　また、IS－LM分析については、文章で問われることもありますが、図をイメージしながら解答するという姿勢が大切です。

　繰り返しになりますが、IS－LM分析は、ほとんど毎年出題される最重要論点ですから、しっかりと図を理解するようにしましょう。

- IS曲線の導出：4象限図を理解しましょう。
- IS曲線のシフト：シフト要因を理解しましょう。
- LM曲線の導出：4象限図を理解しましょう。
- LM曲線のシフト：シフト要因を理解しましょう。
- 財政拡大政策：クラウディング・アウトの意味を理解しましょう。
- 金融緩和政策：金融緩和政策が無効になるケースを理解しましょう。

MEMO

IS曲線
IS曲線の意義

学 習 事 項 IS曲線

このテーマの要点

IS曲線の意義と作り方を理解する！

IS−LM分析とは、政府の財政政策や中央銀行の金融政策の効果を分析するものです。具体的には、IS曲線とLM曲線を用いて分析します。ここではまずIS曲線の意義や作り方を説明することにします。IS曲線の作り方については、他にも方法はありますが、今後の学習内容を考えると、ここで説明する4象限図を理解しておいた方がよいでしょう。

過去問 トライアル	オリジナル問題
	IS曲線の意義
類題の状況	−

IS曲線に関する記述として最も適切なものはどれか。

ア IS曲線は、財市場の均衡を表し、一般に右上がりとして描かれる。

イ IS曲線は、財市場の均衡を表し、一般に右下がりとして描かれる。

ウ IS曲線は、貨幣市場の均衡を表し、一般に右上がりとして描かれる。

エ IS曲線は、貨幣市場の均衡を表し、一般に右下がりとして描かれる。

1 ＩＳ曲線の意義

ＩＳ曲線とは、財市場が均衡するときの、国民所得Ｙと利子率ｒの組み合わせを表す曲線です。

2 ＩＳ曲線の導出

ＩＳ曲線については、以下の４象限図を用いて説明します。

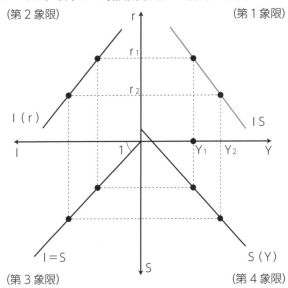

（第２象限）

（第１象限）

（第３象限）

（第４象限）

❶第２象限

投資は利子率ｒの減少関数となります。すなわち、利子率ｒが下がると家計や企業はお金を借りやすくなります。その結果、民間投資Ｉ（＝家、ビル）が増えます。

❷第３象限

財市場の均衡条件Ｉ＝Ｓ　総供給（生産）Ｙ$_S$＝国民所得Ｙ＝消費Ｃ＋貯蓄Ｓ

総需要（支出）Ｙ$_D$　　　　　＝消費Ｃ＋投資Ｉ

❸第４象限

貯蓄Ｓは、国民所得Ｙの増加関数となります。すなわち、国民所得Ｙが増えれば貯蓄Ｓも増えます。

ここで、ある利子率ｒをとり反時計回りに座標をとると、第１象限に右下がりのＩＳ曲線が描かれます。

過去問 トライアル解答 イ

☑チェック問題

ＩＳ曲線は、生産物市場の均衡を表す利子率と国民所得の関係を表すものである。
⇒○

2 IS曲線
IS曲線のシフト

学 習 事 項　IS曲線のシフト要因

このテーマの要点

IS曲線がどのような要因で左右にシフトするか！

　ここでは、IS曲線のシフトについて説明します。IS曲線のシフトは、財政政策効果の結論を得る上で最も重要な内容となります。IS曲線のシフトを考える上で注意してほしいことは、横軸の国民所得Yです。横軸の国民所得Yがどのように変化するかを考えながら、IS曲線のシフトを理解するようにしましょう。

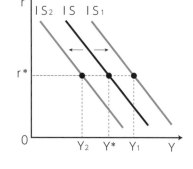

| IS曲線：右シフト | ⇨ | 個人消費、民間投資、政府支出、輸出の増加 |

| IS曲線：左シフト | ⇨ | 貯蓄、租税の増加 |

過去問 トライアル	平成28年度　第11問（設問2）
	IS曲線のシフト
類題の状況	R05-Q8⑴　H19-Q5　H14-Q11

　財政・金融政策の効果を理解するためには、IS−LM分析が便利である。IS曲線とLM曲線が下図のように描かれている。下記の設問に答えよ。

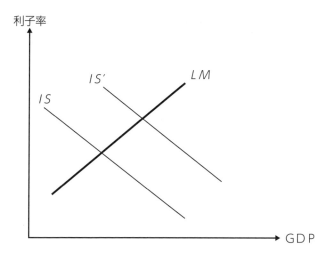

（設問）

　ＩＳ曲線をＩＳからＩＳ′へとシフトさせる要因として、最も適切なものはどれか。

ア 外国人観光客の増加による消費の増加
イ 歳出削減による財政健全化
ウ 量的緩和策によるマネタリーベースの増加
エ 老後の生活に備えるための貯蓄の増加

1 ＩＳ曲線の右シフト

　個人消費Ｃ、民間投資Ｉ、政府支出Ｇ、輸出Ｘが増加すると、乗数効果で国民所得Ｙが増加します。したがって、ＩＳ曲線は国民所得Ｙが増加する右方向にシフトします。

　乗数効果とは、デパートなどで個人消費が増加することによって、国民所得が大きく増加することを意味します。ＩＳ曲線が右にシフトするか左にシフトするかは、横軸の国民所得の変化を考えます。

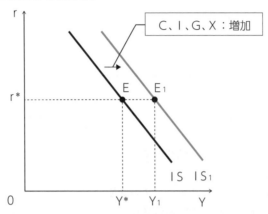

Example　右シフトの例

- プロ野球で巨人が優勝してデパートで優勝記念セールを行うと、個人消費Ｃが増加し、国民所得は何倍も増えます。
- 民間投資Ｉ（家、ビル）が増えると、建設会社の社員の所得が増加し、デパートで売上が増加するために、国民所得は何倍も増えます。
- 政府支出Ｇが増えると、建設会社の社員の所得が増加し、デパートで売上が増加するために、国民所得は何倍も増えます。
- 輸出Ｘが増えると、輸出業者の社員の所得が増加し、デパートで売上が増加するために、国民所得は何倍も増えます。

2 IS曲線の左シフト

　貯蓄Sや租税Tが増加すると、個人消費Cが減少し、国民所得Yは何倍も減ります。したがって、IS曲線は国民所得Yが減少する左方向にシフトします。

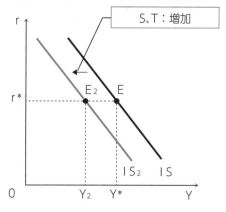

⚲ Keyword

▶ IS曲線のシフト

　IS曲線は、個人消費、民間投資、政府支出、輸出が増加すると右にシフトします。また、貯蓄や租税が増加すると左にシフトします。

過去問 トライアル解答 ▷ ア

☑チェック問題

　政府支出が増加すると、IS曲線は左方向にシフトする。　　　　　⇒×

▶ IS曲線は右方向にシフトする。

3 IS曲線
財市場の超過需要と超過供給

学 習 事 項 財市場の総需要と総供給の不一致

このテーマの要点

経済がIS曲線から外れると・・・

IS曲線は、財市場が均衡した状況を示すものです。見方を変えれば、IS曲線から外れてしまうと、財市場が均衡していないことになります。そこで、ここでは、IS曲線から外れたケースはどのような状況になっているかを説明します。具体的には、IS曲線の右上の領域と左下の領域に分けて、財市場の超過需要と超過供給の状況について学習します。単に暗記するのではなく、なぜそうした状況になるのかを考えながら理解しておきましょう。

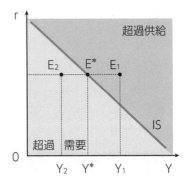

過去問 トライアル	平成21年度　第8問（設問1）
	IS－LM分析
類題の状況	H29-Q9(1)

次のIS－LM分析に関する文章を読んで、下記の設問に答えよ。

下図は、生産物市場の均衡を表すIS曲線と、貨幣市場の均衡を表すLM曲線を描いている。

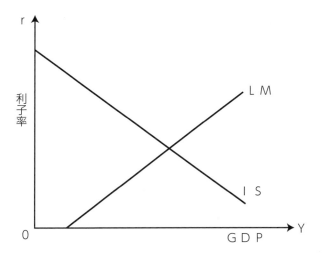

まず、生産物市場の均衡条件は

$$Y = C + I + G$$

で与えられる。ここで、Y：GDP、C：消費支出、I：投資支出、G：政府支出である。

消費関数は

$$C = C_0 + c \ (Y - T_0)$$

であり、C_0：独立消費、c：限界消費性向（0＜c＜1）、T_0：租税収入（定額税）である。

また、投資関数は

$$I = I_0 - i r$$

であり、I_0：独立投資、i：投資の利子感応度、r：利子率である。

さらに、政府支出は与件であり、$G = G_0$とする。

この結果、IS曲線は

$$r = -\frac{1 - c}{i} Y + \frac{C_0 - c T_0 + I_0 + G_0}{i}$$

として導出される。①この式はIS曲線の傾きや位置を示すものである。

次に、貨幣市場の均衡条件は

$$M = L$$

である。ここで、M：貨幣供給、L：貨幣需要である。

貨幣需要関数は

$$L = k Y - h r$$

で与えられ、k：貨幣需要の所得感応度、h：貨幣需要の利子感応度である。

また、貨幣供給は与件であり、$M = M_0$とする。

8
I
S
・
L
M
分
析

これらから、LM曲線が導出され、

$$r = \frac{k}{h} Y - \frac{M_0}{h}$$

として示される。②この式はLM曲線の傾きや位置を表している。

（設問）

　文中の下線部①について、IS曲線の特徴に関する説明として、最も適切なものの組み合わせを下記の解答群から選べ。

　a　IS曲線より右側の領域では、生産物市場は超過供給の状態にある。

　b　限界貯蓄性向が大きいほど、IS曲線はより緩やかな形状で描かれる。

　c　政府支出の拡大と増税が同じ規模で実施された場合、IS曲線の位置は変わらない。

　d　投資の利子感応度が小さいほど、IS曲線はより急な形状で描かれる。

〔解答群〕

ア　aとb　　　**イ**　aとc　　　**ウ**　aとd

エ　bとc　　　**オ**　cとd

1 財市場（生産物市場）の超過供給

以下では、財市場の超過需要と超過供給の状況について説明します。

まず、点E^*は、ＩＳ曲線上にあるので財市場は均衡しています。つまり、財市場において総需要＝総供給となっています。

次に、点E_1はＩＳ曲線の右上にあります。この状況では、財市場が均衡する国民所得Yよりも多すぎます（Y_1）。このとき、貯蓄も多すぎます。なぜなら、所得が増えると、貯蓄も増えるからです。したがって、財市場では、超過供給（過剰生産）となっています。

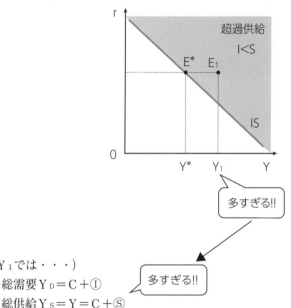

（Y_1では・・・）

　総需要$Y_D = C + ①$

　総供給$Y_S = Y = C + ⑤$

　（供給Y_Sは、売上になり国民所得Yになり、消費Cと貯蓄Sに分けられます。）

総需要Y_D　＜　総供給Y_S

点 E_2 は、IS曲線の左下にあります。この状況では、財市場が均衡する国民所得よりも少なすぎます（Y_2）。このとき、貯蓄が少なすぎます。したがって、財市場では、超過需要（過少生産）となっています。

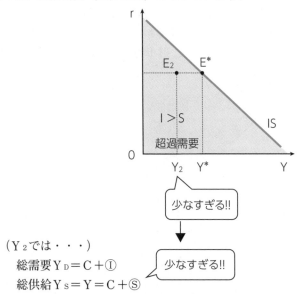

（Y_2では・・・）

総需要 $Y_D = C + ①$

総供給 $Y_S = Y = C + ⑤$

（供給 Y_S は、売上になり国民所得Yになり、消費Cと貯蓄Sに分けられます。）

総需要 Y_D ＞ 総供給 Y_S

過去問 トライアル解答 **ウ**

☑チェック問題

IS曲線より右側の領域では、生産物市場は超過供給の状態にある。　⇒○

MEMO

4 LM曲線
LM曲線の意義

学 習 事 項 LM曲線

このテーマの要点

LM曲線の意義と作り方を理解する！

ここでは、LM曲線の意義や作り方を説明します。LM曲線は、貨幣市場の均衡を表すものですが、基本的には、IS曲線と同様に4象限に分けて作図しますので、図をイメージできるようにしておいてください。特に、これから学習する金融政策の効果などを分析する上で重要となります。

過去問 トライアル	平成28年度　第11問（設問1）
	IS曲線とLM曲線の傾き
類題の状況	H19-Q5

　財政・金融政策の効果を理解するためには、IS−LM分析が便利である。IS曲線とLM曲線が下図のように描かれている。下記の設問に答えよ。

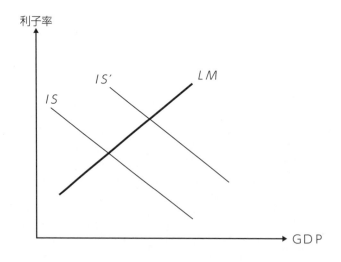

（設問）

　ＩＳ曲線とＬＭ曲線の傾きに関する説明として、最も適切なものはどれか。

ア　ＩＳ曲線は、限界消費性向が大きいほど、より緩やかに描かれる。

イ　ＬＭ曲線は、貨幣の利子弾力性が小さいほど、より緩やかに描かれる。

ウ　利子率が高くなるほど貨幣需要が拡大すると考えており、したがってＬＭ曲線は右上がりとなる。

エ　利子率が高くなるほど投資需要が拡大すると考えており、したがってＩＳ曲線は右下がりとなる。

8

ＩＳ‐ＬＭ分析

LM曲線とは、貨幣市場が均衡するときの、国民所得Yと利子率rの組み合わせを表す曲線です。

LM曲線については、以下の4象限図を用いて説明します。

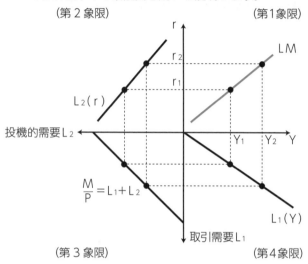

（第2象限）・・・（第1象限）

（第3象限）・・・（第4象限）

❶ 第2象限

貨幣の投機的動機に基づく需要L_2は利子率の減少関数となります。つまり、利子率が低下すると、貨幣の投機的動機に基づく需要L_2は増加します。

❷ 第3象限

　　貨幣市場の均衡条件　　実質マネーサプライ$\dfrac{M}{P}=L_1+L_2$

厳密には、貨幣市場の均衡を考える場合、実質マネーサプライを考えますが、便宜上、物価$P=1$とすると、実質マネーサプライと名目マネーサプライMは一致します。ここでは、物価$P=1$として、両者を区別しなくて結構です。

❸ 第4象限

貨幣の取引需要L_1（取引的動機＋予備的動機に基づく需要）は、国民所得Yの増加関数となります。すなわち、国民所得Yが増えれば取引需要L_1も増えます。

　ここで、ある利子率rをとり反時計回りに座標をとると、第1象限に右上がりのLM曲線が描かれます。

過去問　トライアル解答 ア

☑チェック問題

　LM曲線は、貨幣市場の均衡を表す利子率と国民所得の組み合わせを表すも
のである。　　　　　　　　　　　　　　　　　　　　　　　　　　　　⇒○

8

IS-LM分析

ＬＭ曲線

ＬＭ曲線のシフト

学習事項 ＬＭ曲線のシフト要因

このテーマの要点

ＬＭ曲線がどのような要因で左右にシフトするか！

ここでは、ＬＭ曲線のシフトについて説明します。ＬＭ曲線のシフトは、金融緩和政策の効果の結論を得る上で最も重要な内容となります。ＬＭ曲線のシフトを考える上で注意してほしいことは、縦軸の利子率 r です。縦軸の利子率 r がどのように変化するかを考えながら、ＬＭ曲線のシフトを理解するようにしましょう。

ＬＭ曲線：右シフト	⇨	貨幣供給の増加、貨幣需要の減少
ＬＭ曲線：左シフト	⇨	貨幣供給の減少、貨幣需要の増加

過去問 トライアル	平成21年度　第8問（設問2）（改題）
	ＬＭ曲線のシフト
類題の状況	R05-Q8(2)

ＬＭ曲線の特徴に関する説明として、最も適切なものの組み合わせを下記の解答群から選べ。

a　貨幣需要の増加はＬＭ曲線を下方にシフトさせる。
b　貨幣供給の増加はＬＭ曲線を上方にシフトさせる。
c　貨幣需要の利子感応度が大きいほど、ＬＭ曲線はより緩やかな形状で描かれる。
d　貨幣需要の利子感応度がゼロの場合、ＬＭ曲線は垂直に描かれる。

〔解答群〕

ア aとc　　　**イ** aとd　　　**ウ** bとc　　　**エ** bとd　　　**オ** cとd

1　LM曲線の右シフト

　他の条件を一定にして、貨幣供給の増加（お金が増えた）あるいは貨幣需要の減少（お金があまり必要でなくなった）が見られる場合、利子率は低下します。したがって、LM曲線は利子率が低下する右下方にシフトします。貨幣供給（マネーサプライ）は、現金と預金の合計である点を思い出しておきましょう。

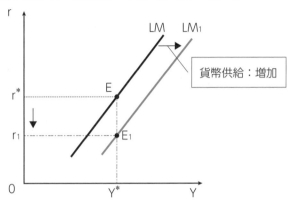

2　LM曲線の左シフト

　他の条件を一定にして、貨幣供給の減少（お金が減った）あるいは貨幣需要の増加（お金が必要になった）が見られる場合、利子率は上昇します。したがって、LM曲線は利子率が上昇する左上方にシフトします。

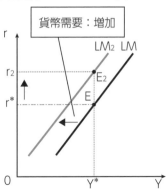

8

IS・LM分析

過去問　トライアル解答 ▶　**オ**

☑チェック問題

　貨幣供給の増加はＬＭ曲線を上方にシフトさせる。　　　　　　　　　⇒×

▶　右下方にシフトさせる。

MEMO

LM曲線
6 貨幣市場の超過需要と超過供給

学 習 事 項 貨幣需要と貨幣供給の不一致

このテーマの要点

経済がＬＭ曲線から外れると・・・

ＬＭ曲線は、貨幣市場が均衡した状況を示すものです。見方を変えれば、ＬＭ曲線から外れてしまうと、貨幣市場が均衡していないことになります。ここでは、ＬＭ曲線から外れたケースはどのような状況になっているかを説明します。具体的には、ＬＭ曲線の左上の領域と右下の領域に分けて、貨幣市場の超過需要と超過供給の状況について学習します。以前に学習したＩＳ曲線から外れたケースと合わせて覚えておいてください。

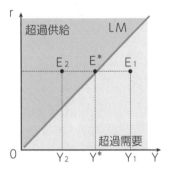

過去問 トライアル	平成29年度　第9問（設問1）
	ＩＳ－ＬＭ分析
類題の状況	H17-Q3

下図は、ＩＳ曲線とＬＭ曲線を描いている。この図に基づいて、下記の設問に答えよ。

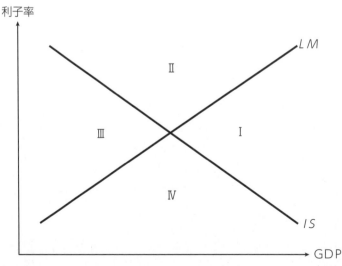

（設問）

　ＩＳ曲線、ＬＭ曲線は、それぞれ生産物市場と貨幣市場を均衡させるＧＤＰと利子率の関係を表している。下記の記述のうち、最も適切なものはどれか。

ア　Ⅰの領域では、生産物市場が超過需要であり、貨幣市場が超過供給である。

イ　Ⅱの領域では、生産物市場と貨幣市場がともに超過供給である。

ウ　Ⅲの領域では、生産物市場と貨幣市場がともに超過需要である。

エ　Ⅳの領域では、生産物市場が超過供給であり、貨幣市場が超過需要である。

1　貨幣市場の超過需要

　以下では、貨幣市場の超過需要と超過供給の状況について説明します。

　まず、点E^*は、ＬＭ曲線上にあるので貨幣市場が均衡しています。つまり、貨幣市場で貨幣需要＝貨幣供給となっています。

　次に、点E_1は、ＬＭ曲線の右下にあります。この状況では、貨幣市場が均衡する国民所得よりも国民所得が多すぎます（Y_1）。このとき、貨幣の取引需要（＝貨幣の取引的動機＋予備的動機に基づく需要）が多すぎることになります。なぜなら、所得が増えると、貨幣の取引需要も増えるからです。したがって、貨幣市場では、超過需要となっています。

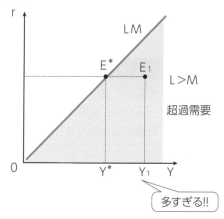

　　　　　　　　貨幣供給M　＜　貨幣需要L

点E₂は、LM曲線の左上にあります。この状況では、貨幣市場が均衡する国民所得よりも国民所得が少なすぎます（Y₂）。このとき、貨幣の取引需要（＝貨幣の取引的動機＋予備的動機に基づく需要）が少なすぎることになります。なぜなら、所得が減ると、貨幣の取引需要も減るからです。したがって、貨幣市場では、超過供給となっています。

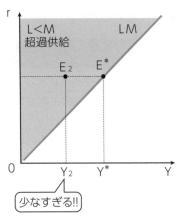

貨幣供給M ＞ 貨幣需要L

✐ Keyword

▶ 経済がLM曲線上にないケース

　LM曲線の右下に位置するケースでは、貨幣市場が超過需要となり、左上に位置するケースでは、貨幣市場が超過供給となります。

過去問　トライアル解答

☑チェック問題

　LM曲線より下方の領域では、貨幣市場は超過供給の状態にある。　⇒×

▶ 超過需要となっている。

MEMO

7 弾力性
投資の利子弾力性

学 習 事 項　利子率の変化に伴う投資の変化

（このテーマの要点）

投資の利子弾力性とIS曲線の傾きを理解する！

一般にIS曲線は右下がりになります
が、このIS曲線の傾きは投資の利子弾力
性の大きさと密接に関連します。ここでは
投資の利子弾力性とIS曲線の傾きについ
て説明します。弾力性というのは、一般に
反応度を表すものであり、弾力性が大きい
あるいは小さいと表現します。ただし、本

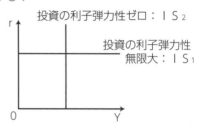

試験では、大きいあるいは小さいという抽象的な表現で問われた場合、極端なケー
スに置き換えて考えます。ですから、弾力性がゼロあるいは無限大といった極端
なケースを中心に理解しておいてください。

過去問 トライアル	令和2年度　第6問（設問1）
	IS曲線が垂直になるケース
類題の状況	−

下図は、IS曲線とLM曲線を描いたものである。この図に基づいて、下記の設
問に答えよ。

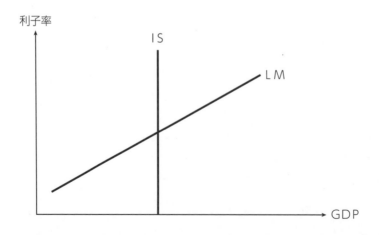

（設問）

　ＩＳ曲線が垂直になる例として、最も適切なものはどれか。

ア　貨幣需要の利子弾力性がゼロである。

イ　貨幣需要の利子弾力性が無限大である。

ウ　投資需要の利子弾力性がゼロである。

エ　投資需要の利子弾力性が無限大である。

1 投資の利子弾力性の意義

　投資の利子弾力性とは、利子率が１％変化したときに、民間投資Ｉ（家、ビル）が何％変化するかを意味します。例えば、利子率が少し変化すると民間投資が大幅に変化する場合、投資の利子弾力性が大きいといいます。一方、利子率が大幅に変化しても、民間投資がほとんど変化しない場合、投資の利子弾力性が小さいといいます。

2 投資の利子弾力性とＩＳ曲線の傾きの関係

❶投資の利子弾力性＝無限大

　投資の利子弾力性が無限大というのは、利子率がほんの少し変化すると、民間投資が無限に変化するという状況を意味します。

Example	投資の利子弾力性＝無限大
	2024年　利子率２％　民間投資100兆円
	2025年　利子率１％　民間投資　無限大

　投資の利子弾力性が無限大の場合、次ページのように４象限図においては、第２象限が水平に描かれます。その結果、ＩＳ曲線も水平に描かれます。

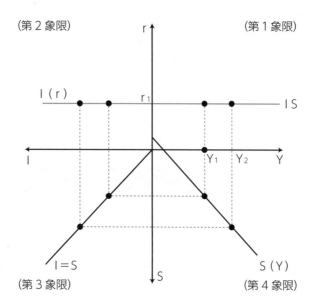

② 投資の利子弾力性＝ゼロ

投資の利子弾力性がゼロというのは、利子率が変化しても、民間投資がまったく変化しないという状況を意味します。

Example	投資の利子弾力性＝ゼロ
	2024年　利子率２％　民間投資100兆円
	2025年　利子率１％　民間投資100兆円

投資の利子弾力性がゼロの場合、次ページのように４象限図においては、第２象限が垂直に描かれます。その結果、ＩＳ曲線も垂直に描かれます。

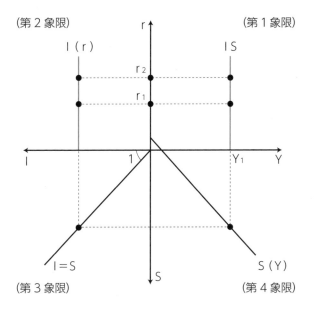

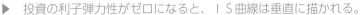

✎ Keyword

▶　**投資の利子弾力性とIS曲線の傾きの関係**

　投資の利子弾力性が無限大の場合、IS曲線は水平となり、投資の利子弾力性がゼロの場合、IS曲線は垂直となります。

過去問　トライアル解答　▶　**ウ**

☑チェック問題

　投資の利子感応度が小さいほど、IS曲線はより急な形状で描かれる。　⇒○

▶　投資の利子弾力性がゼロになると、IS曲線は垂直に描かれる。

8

IS・LM分析

弾力性
8 貨幣需要の利子弾力性

学習事項 利子率の変化に伴う貨幣需要の変化

このテーマの要点

貨幣需要の利子弾力性とＬＭ曲線の傾きを理解する！

一般にＬＭ曲線は右上がりになりますが、このＬＭ曲線の傾きは貨幣需要の利子弾力性の大きさと密接に関連します。ここでは貨幣需要の利子弾力性とＬＭ曲線の傾きについて説明します。この点、前に学習したＩＳ曲線に関する投資の利子弾力性と合わせて整理しておくとよいでしょう。

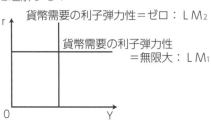

過去問 トライアル	令和3年度　第6問（設問1）
	ＬＭ曲線の形状
類題の状況	－

下図は、ＩＳ曲線とＬＭ曲線を描いている。この図に基づいて、下記の設問に答えよ。

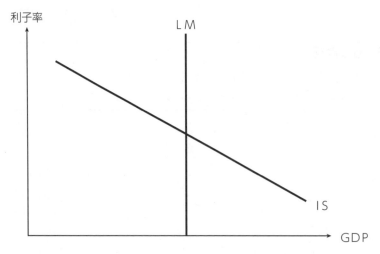

（設問）

　ＬＭ曲線が垂直になる例として、最も適切なものはどれか。

ア　貨幣需要の利子弾力性がゼロである。
イ　貨幣需要の利子弾力性が無限大である。
ウ　投資需要の利子弾力性がゼロである。
エ　投資需要の利子弾力性が無限大である。

1 貨幣需要の利子弾力性の意義

　貨幣需要の利子弾力性とは、利子率が１％変化したときに、貨幣需要が何％変化するかを意味します。例えば、利子率が少し変化すると貨幣需要が大幅に変化する場合、貨幣需要の利子弾力性が大きいといいます。一方、利子率が大幅に変化しても、貨幣需要がほとんど変化しない場合、貨幣需要の利子弾力性が小さいといいます。

2 貨幣需要の利子弾力性とＬＭ曲線の傾きの関係

❶ 貨幣需要の利子弾力性＝無限大

　貨幣需要の利子弾力性が無限大というのは、利子率がほんの少し変化すると、貨幣需要が無限に変化するという状況を意味します。

Example	貨幣需要の利子弾力性＝無限大
	2024年　利子率２％　貨幣需要100兆円
	2025年　利子率１％　貨幣需要　無限大

　貨幣需要の利子弾力性が無限大の場合、次ページのように４象限図においては、第２象限が水平に描かれます。その結果、ＬＭ曲線も水平に描かれます。

8

IS・LM分析

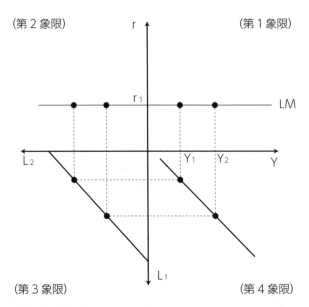

(第 2 象限)　r　(第 1 象限)

r₁　LM

L₂　Y₁　Y₂　Y

L₁

(第 3 象限)　(第 4 象限)

❷ 貨幣需要の利子弾力性＝ゼロ

　貨幣需要の利子弾力性が＝ゼロというのは、利子率が変化しても、貨幣需要がまったく変化しないという状況を意味します。

Example	貨幣需要の利子弾力性＝ゼロ
	2024年　利子率2％　貨幣需要100兆円
	2025年　利子率1％　貨幣需要100兆円

　貨幣需要の利子弾力性がゼロの場合、次ページのように4象限図においては、第2象限が垂直に描かれます。その結果、LM曲線も垂直に描かれます。

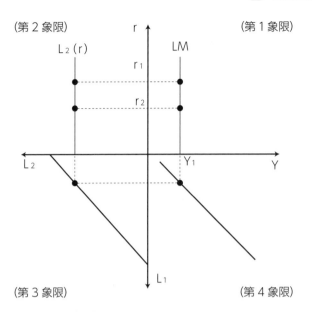

✐ Keyword

▶ 貨幣需要の利子弾力性とLM曲線の傾きの関係

　貨幣需要の利子弾力性が無限大の場合、LM曲線は水平となり、貨幣需要の利子弾力性がゼロの場合、LM曲線は垂直となります。

過去問 トライアル解答 ▶ **ア**

☑チェック問題

　貨幣需要の利子感応度が大きいほど、LM曲線はより緩やかな形状で描かれる。　　　　　　　　　　　　　　　　　　　　　　　　　　　　　⇒○

▶ 貨幣需要の利子弾力性が無限大になると、LM曲線は水平に描かれる。

9 財政政策と金融政策
財政政策とクラウディング・アウト

学習事項 財政拡大政策の効果

このテーマの要点

政府が財政支出を拡大すると景気はどうなるか！

ここでは、政府支出の増加や減税といった財政拡大政策の効果を説明します。この際、重要になるのが「クラウディング・アウト」という用語です。「クラウディング・アウト」とは、そもそも押し戻すという意味です。政府支出の増加が利子率の上昇による民間投資の減退を招き、一部景気が押し戻されてしまうという現象を意味します。この「クラウディング・アウト」という現象は、財政拡大政策を行うと、言わば副産物として発生してしまいます。この点について、図を用いて理解しましょう。

クラウディング・アウト

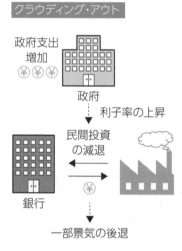

過去問 トライアル	平成20年度　第6問
	クラウディング・アウト
類題の状況	R03-Q6⑵　R02-Q6⑵　H27-Q6　H26-Q5　H25-Q7 H17-Q4⑴⑵　H14-Q11　H13-Q8

下図は、投資の利子弾力性がゼロである場合を想定したＩＳ－ＬＭ曲線を描いたものである。この図の説明として最も適切なものはどれか。

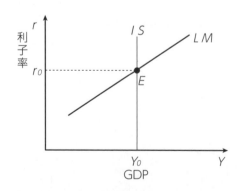

ア ＧＤＰの水準は生産物市場の動向とは無関係であり、貨幣市場の動向から決定される。

イ 貨幣供給が増加しても利子率は不変であり、投資は一定の水準に維持される。

ウ 貨幣供給の増加は利子率の低下を通じて投資の拡大を引き起こす。

エ 政府支出の増加により利子率の上昇が生じるが、クラウディング・アウトは発生しない。

オ 政府支出の増加はＧＤＰの拡大を引き起こすが、クラウディング・アウトが生じる分だけＧＤＰの拡大は抑制される。

1 財政拡大政策の効果

政府による財政拡大政策（政府支出の増加、減税）が発動されたとします。このとき、乗数効果の働きによって国民所得が増加しますので、景気は拡大します。

2 クラウディング・アウト

上記の内容について、ＩＳ－ＬＭ分析を用いてより詳しく考えてみましょう。

改めて、政府による財政拡大政策が発動されると利子率が上昇し、民間投資は減少します。すなわち、財政拡大政策の発動に伴う乗数効果の働きによって国民所得が増加するので（景気は拡大するので）、貨幣需要が増加します（お金がたくさん必要となります）。その結果、市場では利子率が上昇します。この利子率の上昇によって民間投資は減退してしまいます。さらに、民間投資の減退は、景気にとってマイナスに働きます。例えば、他の条件を一定にして、昨年度よりも民間投資が減ってしまえば、昨年度よりも景気は後退します。

この点について、図を用いて説明します。まず初期の均衡状態を点E、利子率がr^*（1%）、国民所得がY^*（490兆円）であったとします。

ここで、政府が財政拡大政策を発動すると、ＩＳ曲線がＩＳ$_1$へと右シフトし、新たな均衡点はE$_2$となります。ここで仮に、利子率が政府支出増加前と変わらなければ、国民所得はY$_2$（510兆円）となっているはずです。しかし、利子率の上昇に伴う民間投資Ｉの減少により国民所得がY$_1$（500兆円）にまで戻されます。この現象を、クラウディング・アウト（押し戻す）といいます。

＊ クラウディング・アウト

政府支出の拡大 ⇒ 利子率の上昇 ⇒ 民間投資の減少 ⇒ 景気後退

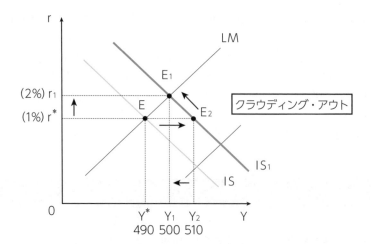

⚷ Keyword

▶ クラウディング・アウト

　クラウディング・アウトとは、押し戻すという意味であり、政府支出の拡大が利子率の上昇を引き起こし民間投資を減退させるため、一部景気が後退してしまうという現象を意味します。

過去問　トライアル解答 ▶ **エ**

☑チェック問題

　クラウディング・アウトとは、政府支出の拡大により利子率が低下し、民間投資が減退するという現象である。　　　　　　　　　　　　　　　⇒×

▶ 　クラウディング・アウトとは、政府の財政拡大政策の発動による市場利子率の上昇によって民間投資が減少してしまい、景気が一部後退してしまうという現象である。

MEMO

10 財政政策と金融政策
一般的な金融緩和政策

学習事項 金融緩和政策

このテーマの要点

日銀がお金を増やすと景気はどうなるか！

　ここでは、日銀の金融緩和政策すなわちマネーサプライを増加させる政策の効果について説明します。具体的には、公定歩合の引き下げ、公開市場操作の買いオペレーション、法定準備率の引き下げなどの金融緩和政策が挙げられます。これらの金融緩和政策によってマネーサプライが増加すると、利子率が低下します。また、利子率が低下すると民間投資が増加します。その結果、乗数効果の働きによって景気が拡大します。こうした点について、図をイメージできるようにしておきましょう。

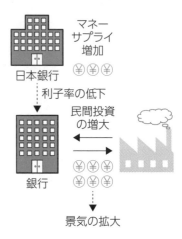

過去問 トライアル	平成24年度　第9問
	財政・金融政策の効果
類題の状況	H26-Q5

　ＩＳ−ＬＭモデルでは、横軸にGDP、縦軸に利子率をとり、ＩＳ曲線とＬＭ曲線を描く。ＩＳ曲線とＬＭ曲線の形状とシフトに関する説明として、最も適切なものはどれか。

ア　GDPが増えると貨幣の取引需要も大きくなることから、貨幣市場の均衡利子率は低くなり、ＬＭ曲線は右上がりに描かれる。

イ　貨幣供給量を増やすと、貨幣市場を均衡させる利子率が低下することから、ＬＭ曲線は上方向にシフトする。

ウ　政府支出を拡大させると、生産物の供給も拡大することから、ＩＳ曲線は右方向にシフトする。

エ　利子率が高い水準にあると投資水準も高くなると考えられることから、生産物市場の均衡を表すＩＳ曲線は、右下がりに描かれる。

オ　流動性のわなが存在する場合、貨幣需要の利子弾力性がゼロになり、ＬＭ曲線

は水平になる。

1 金融緩和政策の効果

以下で、金融緩和政策の効果について説明します。

いま、日銀が、金融緩和政策を行うとマネーサプライが増加し、利子率 r が低下し、民間投資（家、ビル）が増加するので乗数効果の働きによって国民所得 Y が増加します。すなわち、金融緩和政策は、景気対策として有効となります。

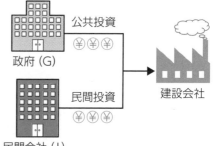

例えば、民間投資として家やビルが1兆円増加したとします。これは、建設会社の売上になり、従業員などの所得となります。そして、この建設会社で働く従業員が、デパートなどで消費を行うとデパートの売上が増加し、デパートで働く従業員の所得が増加します。こうした乗数効果は、以前に説明した政府支出乗数とまったく等しくなります。

つまり、両者は発注元が異なるだけであり、経済効果はまったく等しくなります。政府が公共事業として建設会社に発注すれば公共投資となり、家計や企業が家やビルの建設として建設会社に発注すれば民間投資となります。

8

IS・LM分析

改めて図を用いて説明すると、以下のようになります。

まず、経済の均衡点が点Eであったとします。ここで、日銀が金融緩和政策を行うとLM曲線がLM₁へと右シフトします。

その結果、利子率は当初の r^* から r_1 へと低下し、民間投資が増加するので、国民所得は当初の Y^* から Y_1 へと増加します。つまり、景気対策として有効となります。

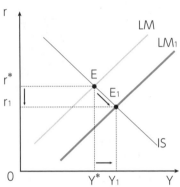

⚷ Keyword

▶ 金融緩和政策と金融引締政策

　金融緩和政策とは、中央銀行がマネーサプライを増加させる政策を意味します。反対にマネーサプライを減少させる場合には、金融引締政策といいます。

過去問 トライアル解答 ▶ **ウ**

☑チェック問題

　一般に、貨幣供給が増加すると利子率が低下し、民間投資が増加するので景気が拡大する。　　　　　　　　　　　　　　　　　　　　　　　⇒○

11 財政政策と金融政策
金融政策無効のケース

学 習 事 項　流動性のわな，投資の利子弾力性ゼロ

このテーマの要点

金融を緩和しても景気が良くならない！

ＩＳ－ＬＭ分析によると、金融緩和政策が無効になる状況は２つあります。すなわち、日銀が金融緩和政策を行ってもまったく国民所得が増加しないケースが２つあります。それは、「流動性のわな」と「投資の利子弾力性ゼロ」の状況です。受験上、重要になるのは、こうした特徴的なケースです。図を用いて理解するようにしましょう。

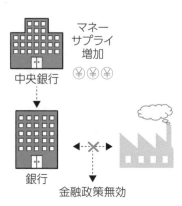

過去問 トライアル	平成15年度　第11問（設問2）
	流動性のわな
類題の状況	R01-Q8(1)(2)　H24-Q9　H23-Q7　H21-Q8(1)(2)　H13-Q9

「流動性のわな」に関して、以下の設問に答えよ。

（設問）

「流動性のわな」に陥っている場合、その政策的な含意について、最も適切なものの組み合わせを下記の解答群から選べ。

a　大多数の人は、利子率が将来上昇するという期待を持っている。
b　大多数の人は、利子率が将来上昇するという期待を持っていない。
c　流動性のわなに陥っている場合、金融政策の有効性は期待できない。
d　流動性のわなに陥っている場合、財政政策の有効性は期待できない。

〔解答群〕
ア　aとc　　**イ**　aとd　　**ウ**　bとc　　**エ**　bとd

1 流動性のわな

❶ 流動性のわなとLM曲線の形状

　金融緩和政策が景気対策として無効になるケースとして、ケインズの流動性のわなの状況があります。流動性のわなとは、利子率が下限（債券価格が上限）になっている状態を意味します。ケインズの流動性のわなの状況とは、利子率が下限に達し債券価格が上限に達しているために、誰も債券を購入せず、貨幣需要の利子弾力性が無限大となっている状況です。

　この状況を4象限図を用いて説明すると、第2象限が下限になった利子率（r_1）で水平に描かれますので、LM曲線が水平に描かれます。

　経済が不況になると、利子率は低下する傾向を持ちます。そして、不況が長期化すると、非常に低い利子率になってしまうことがあります。この極端なケースが流動性のわなであると考えられます。すなわち、不況の長期化によって、これ以上は下がらないほど利子率が低下してしまった状況が流動性のわなであると考えることができます。

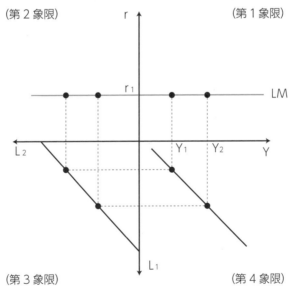

（第2象限）　　　　　　　r　　　　　　　（第1象限）

（第3象限）　　　L₁　　　　　　　　（第4象限）

❷ 流動性のわなと金融緩和政策の効果

　上述のように流動性のわなの状況では、LM曲線は水平になります。ここで、日銀がマネーサプライを増加させると、LM曲線がLM₁へと右にシフトします。

　しかし、次ページの図のように、流動性のわなの状況では、利子率が下限であるために、利子率は不変となります（ここでは下限の利子率をr^*とします）。そのため、民間投資は不変となり、国民所得も当初のY^*のまま不変となり、景気対策として

無効となります。

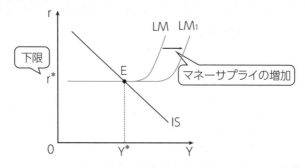

2 投資の利子弾力性がゼロ

❶投資の利子弾力性ゼロとIS曲線の形状

　金融緩和政策が景気対策として無効になるケースとして、投資の利子弾力性がゼロの状況があります。投資の利子弾力性がゼロとは、利子率が変化しても民間投資（家、ビル）が変化しない状態を意味します。このとき、第2象限が垂直に描かれるので、IS曲線が垂直に描かれます。

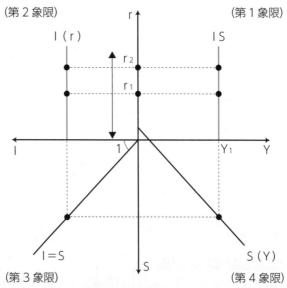

❷投資の利子弾力性ゼロと金融緩和政策の効果

　上述のように投資の利子弾力性ゼロの状況では、IS曲線は垂直になります。ここで、日銀がマネーサプライを増加させると、LM曲線がLM$_1$へと右にシフトし、利子率が当初のr^*からr_1へと下落します。しかし、投資の利子弾力性ゼロの状況

では、利子率が下落しても民間投資は不変となります。その結果、国民所得は当初のY*のまま不変となります。

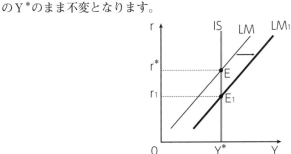

（参考）　流動性のわな（左図）、投資の利子弾力性ゼロ（右図）のケースの財政拡大政策の効果

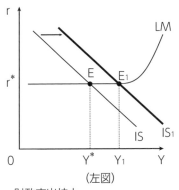

（左図）

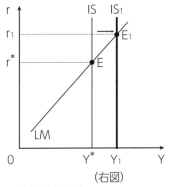

（右図）

財政支出拡大
⇒　IS曲線右シフト
⇒　国民所得Y₁
⇒　景気対策として有効
⇒　この場合、利子率が上昇しない。
⇒　民間投資が減少しない。
⇒　クラウディング・アウトは発生しない。
⇒　非常に強い経済効果を生む。

財政支出拡大
⇒　IS曲線右シフト
⇒　国民所得Y₁
⇒　景気対策として有効
⇒　この場合、利子率は上昇する。
⇒　民間投資は減少しない。
　　（∵投資の利子弾力性がゼロ）
⇒　クラウディング・アウトは発生しない。

♂ Keyword

▶　**金融緩和政策無効のケース**

　IS－LM分析によると、金融緩和政策が景気対策として無効になるケースとして、①流動性のわな、②投資の利子弾力性がゼロ、という２つのケースがあります。

8
I
S
・
L
M
分
析

☑チェック問題

投資の利子感応度がゼロの場合、金融緩和政策は無効となる。　　⇒○

索　引

2025年版 出る順中小企業診断士
FOCUSテキスト&WEB問題 ❶経済学・経済政策

2014年 4 月10日　第 1 版　第 1 刷発行
2024年 7 月25日　第11版　第 1 刷発行

　　　　編著者●株式会社　東京リーガルマインド
　　　　　　　　LEC総合研究所　中小企業診断士試験部

　　　　発行所●株式会社　東京リーガルマインド
　　　　　　　　〒164-0001　東京都中野区中野4-11-10
　　　　　　　　アーバンネット中野ビル
　　　　　　　　LECコールセンター　　☎ 0570-064-464
　　　　　　　　受付時間　平日9：30～20：00/土・祝10：00～19：00/日10：00～18：00
　　　　　　　　※このナビダイヤルは通話料お客様ご負担となります。

　　　　書店様専用受注センター　　TEL 048-999-7581 / FAX 048-999-7591
　　　　　　　　受付時間　平日9：00～17：00/土・日・祝休み
　　　　　　　　www.lec-jp.com/

　　　　印刷・製本●倉敷印刷株式会社

LEC中小企業診断士講座のご案内

1次2次プレミアム1年合格コース

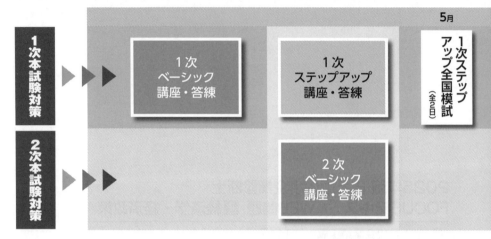

1次本試験対策

1次ベーシック講座・答練 ▶ 1次ステップアップ講座・答練 ▶ **5月** 1次ステップアップ全国模試（全2日）

2次本試験対策

2次ベーシック講座・答練

POINT 1 頻出テーマに絞りコンパクトに学習する！

1次試験は科目数も多く、その範囲は広大です。
一方で、過去の試験の出題を分析してみると、理解しておくべき重要な論点は、毎年のように出題されているのが分かります。LECでは、出題頻度で学習テーマを絞り込み、段階的に、試験までに万全な対策をとるカリキュラムを採用しています。

一般的な学習スタイル　／　LECの学習スタイル

手を広げ過ぎて間に合わない可能性が！　／　学習範囲を頻出テーマに凝縮！

これをかなえるのがLECのFOCUSテキスト

POINT 2 3ステップ学習でムリなく修得できる！

ベーシックで基礎知識を、ステップアップでは応用知識の上積みを、アドバンスで最新の出題傾向を踏まえた総仕上げを行います。3つの時期、段階に分けることで反復効果による知識定着を図りつつ、ムリなく知識を修得できます。

"Basic ▶ Step up ▶ Advance"と順を追ってレベルアップ

3	Advance	直前対策期（60点）
2	Step up	応用力養成期（～60点）
1	Basic	基礎完成期（～50点）

POINT 3 早期の2次対策で1次との融合学習を狙う！

1次試験と2次試験を別の試験と考えがちですが、1次の知識をいかに応用できるかが、2次試験です。2次試験に関連性が強い1次試験科目の学習を終えた段階で、早期に2次対策を始めることで、1次試験の復習をしつつ、2次試験の学習期間が確保できるようになっています。

[1次と2次の融合学習]
融合学習を行うことにより、1次、2次ともに得点アップ！

1次試験科目	2次試験科目
●企業経営理論（組織）	●事例I（組織）
●企業経営理論（マーケティング）	●事例II（マーケティング・流通）
●運営管理（生産管理）	●事例III（生産・技術）
●財務・会計	●事例IV（財務・会計）

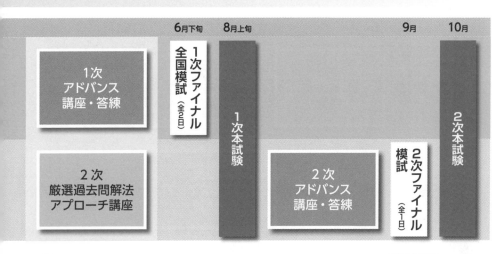

		6月下旬	8月上旬		9月	10月

1次
アドバンス
講座・答練

1次ファイナル
全国模試（全2日）

1次本試験

2次
厳選過去問解法
アプローチ講座

2次
アドバンス
講座・答練

2次ファイナル
模試（全1日）

2次本試験

POINT 4 受験を知り抜いた講師陣が合格へと導く！

1次試験は7科目あり、合格者の中でも得意、不得意があるのも事実です。LECでは実務家講師がそれぞれ専門の科目を担当します。また、2次対策はゼミ形式の講義で、受講生同士が互いに切磋琢磨できる環境になっています。講師自らが添削をするので、個々の改善点を見つけ出していきます。

POINT 5 充実のフォロー制度で合格に近づく！

通学には通信教材が付き、予習、復習がしやすくなっています。初級講座の1次重要科目に「Web講座講師フレックス制」を採用、また、生講義のzoom配信により、講師の選択の幅が広がり、2人目、3人目の講師で理解の深堀が可能です。「Web動画ダウンロード」「15分1テーマ講義スタイル」「ぽち問」でスキマ時間の活用、「教えてチューター」で質問など、多彩な学習環境を提供しています。

※本カリキュラムは、本書発行日現在のものであり、講座の内容・回数等が変更になる場合があります。予めご了承ください。

詳しくはこちら⇒www.lec-jp.com/shindanshi/

■お電話での講座に関するお問い合わせ 平日：9:30～20:00 土祝：10:00～19:00 日：10:00～18:00
※このナビダイヤルは通話料お客様ご負担になります。※固定電話・携帯電話共通（一部のPHS・IP電話からのご利用可能）。

LECコールセンター 0570-064-464

LEC中小企業診断士講座のご案内

2次上級合格コース ～テクニックじゃない！

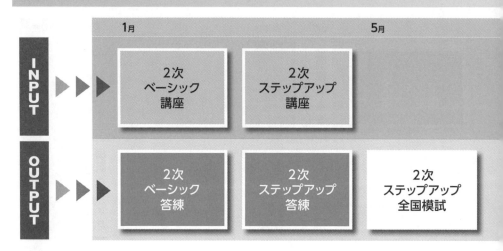

```
        1月                              5月

INPUT  ▶▶▶   2次          2次
            ベーシック     ステップアップ
            講座          講座

OUTPUT ▶▶▶   2次          2次          2次
            ベーシック     ステップアップ  ステップアップ
            答練          答練          全国模試
```

POINT 1 LECメソッドを学ぶ

2次試験の解答は、いうなれば「経営診断報告書」です。与件文を「環境分析の資料」、設問文を「診断先企業の課題」として捉えることが肝要です。ベーシックレベルでは、①与件の整理・把握②問題点の深堀り③事例企業の方向性検討を中心に、LECオリジナルツール「事例整理シート」の使い方、「設問構造図」の考え方などを学びます。

①与件を整理・把握 ②問題点を深掘 ③方向性を立案

LECオリジナル「事例整理シート」

POINT 2 ストーリー展開と 1.5次知識の整理を図る

与件文には、事例ごとに特徴が存在します。また、同じ事例においてもストーリー展開に合わせた切り口、着眼点が必要となります。ステップアップレベルでは、事例ごとのストーリー展開を分析、また、解答するうえで必要な1.5次知識（2次試験で必要な1次知識）のセオリー化を図ります。

LECオリジナル「設問構造図」

POINT 3 1次試験後の総仕上げ

ベーシックレベルでは「方向性の立案」、ステップアップレベルでは「切り口、着眼点の整理」を中心に学習してきました。アドバンスレベルでは、ベーシック、ステップアップの内容を再確認するとともに、直近の試験傾向から見られる注意点を盛り込みながら最後の仕上げを行います。

本質的な実力を養成する〜

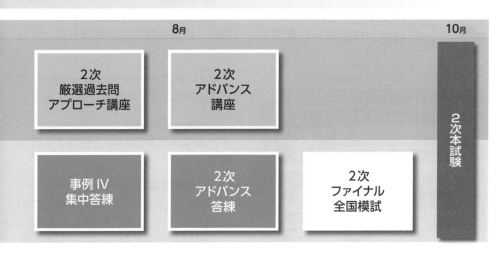

 POINT 4 事例IVの
重点強化！

事例IVは苦手とする受験生が多い一方で、学習量に比例して実力が伸びやすい科目です。
LECではこの科目を戦略科目と位置づけ、演習量を他の事例より増やすことで効率的に得点力を上げ、他の受験生との差別化を図ります。

 POINT 5 2次厳選過去問アプローチ講座
の更新！

「過去問に一度は触れたことがある」という学習経験者の方でも、その分析がまだまだ不十分なケースが少なくありません。本講座は、良質な過去問を厳選し、その問題のさまざまな評価の再現答案を見ることができるようになっています。どうすれば高評価を得られるのかを徹底的に分析・解明します。

 POINT 6 もちろん！LECの答練・模試は
すべてオリジナル新作問題！

カリキュラムを考慮しつつ、基本問題から最新傾向を踏まえた本試験レベルの問題までご用意しています。
過去のLECオリジナル問題や本試験問題から良問を厳選し、問題文、与件文、設問等を加筆修正した問題を出題する場合があります。触れたことがある問題であっても、試験での対応力がしっかり試せる問題になっています。

れっく LEC Webサイト ▷▷▷ www.lec-jp.com/

情報盛りだくさん！

資格を選ぶときも，
講座を選ぶときも，
最新情報でサポートします！

最新情報
各試験の試験日程や法改正情報，対策講座，模擬試験の最新情報を日々更新しています。

資料請求
講座案内など無料でお届けいたします。

受講・受験相談
メールでのご質問を随時受付けております。

よくある質問
LECのシステムから，資格試験についてまで，よくある質問をまとめました。疑問を今すぐ解決したいなら，まずチェック！

書籍・問題集（LEC書籍部）
LECが出版している書籍・問題集・レジュメをこちらで紹介しています。

充実の動画コンテンツ！

ガイダンスや講演会動画，
講義の無料試聴まで
Webで今すぐCheck！

動画視聴OK
パンフレットやWebサイトを見てもわかりづらいところを動画で説明。いつでもすぐに問題解決！

Web無料試聴
講座の第1回目を動画で無料試聴！気になる講義内容をすぐに確認できます。

LEC 全国学校案内

＊講座のお問合せ，受講相談は最寄りのLEC各校へ

LEC本校

■ 北海道・東北

札　幌本校　☎011(210)5002
〒060-0004 北海道札幌市中央区北4条西5-1　アスティ45ビル

仙　台本校　☎022(380)7001
〒980-0022 宮城県仙台市青葉区五橋1-1-10　第二河北ビル

■ 関東

渋谷駅前本校　☎03(3464)5001
〒150-0043 東京都渋谷区道玄坂2-6-17　渋東シネタワー

池　袋本校　☎03(3984)5001
〒171-0022 東京都豊島区南池袋1-25-11　第15野萩ビル

水道橋本校　☎03(3265)5001
〒101-0061 東京都千代田区神田三崎町2-2-15　Daiwa三崎町ビル

新宿エルタワー本校　☎03(5325)6001
〒163-1518 東京都新宿区西新宿1-6-1　新宿エルタワー

早稲田本校　☎03(5155)5501
〒162-0045 東京都新宿区馬場下町62　三朝庵ビル

中　野本校　☎03(5913)6005
〒164-0001 東京都中野区中野4-11-10　アーバンネット中野ビル

立　川本校　☎042(524)5001
〒190-0012 東京都立川市曙町1-14-13　立川MKビル

町　田本校　☎042(709)0581
〒194-0013 東京都町田市原町田4-5-8　MIキューブ町田イースト

横　浜本校　☎045(311)5001
〒220-0004 神奈川県横浜市西区北幸2-4-3　北幸GM21ビル

千　葉本校　☎043(222)5009
〒260-0015 千葉県千葉市中央区富士見2-3-1　塚本大千葉ビル

大　宮本校　☎048(740)5501
〒330-0802 埼玉県さいたま市大宮区宮町1-24　大宮GSビル

■ 東海

名古屋駅前本校　☎052(586)5001
〒450-0002 愛知県名古屋市中村区名駅4-6-23　第三堀内ビル

静　岡本校　☎054(255)5001
〒420-0857 静岡県静岡市葵区御幸町3-21　ペガサート

■ 北陸

富　山本校　☎076(443)5810
〒930-0002 富山県富山市新富町2-4-25　カーニープレイス富山

■ 関西

梅田駅前本校　☎06(6374)5001
〒530-0013 大阪府大阪市北区茶屋町1-27　ABC-MART梅田ビル

難波駅前本校　☎06(6646)6911
〒556-0017 大阪府大阪市浪速区湊町1-4-1
大阪シティエアターミナルビル

京都駅前本校　☎075(353)9531
〒600-8216 京都府京都市下京区東洞院通七条下ル2丁目
東塩小路町680-2　木村食品ビル

四条烏丸本校　☎075(353)2531
〒600-8413　京都府京都市下京区烏丸通仏光寺下ル
大政所町680-1　第八長谷ビル

神　戸本校　☎078(325)0511
〒650-0021 兵庫県神戸市中央区三宮町1-1-2　三宮セントラルビル

■ 中国・四国

岡　山本校　☎086(227)5001
〒700-0901 岡山県岡山市北区本町10-22　本町ビル

広　島本校　☎082(511)7001
〒730-0011 広島県広島市中区基町11-13　合人社広島紙屋町アネクス

山　口本校　☎083(921)8911
〒753-0814 山口県山口市吉敷下東 3-4-7　リアライズⅢ

高　松本校　☎087(851)3411
〒760-0023 香川県高松市寿町2-4-20　高松センタービル

松　山本校　☎089(961)1333
〒790-0003 愛媛県松山市三番町7-13-13　ミツネビルディング

■ 九州・沖縄

福　岡本校　☎092(715)5001
〒810-0001 福岡県福岡市中央区天神4-4-11　天神ショッパーズ
福岡

那　覇本校　☎098(867)5001
〒902-0067 沖縄県那覇市安里2-9-10　丸姫産業第2ビル

■ EYE関西

EYE 大阪本校　☎06(7222)3655
〒530-0013　大阪府大阪市北区茶屋町1-27　ABC-MART梅田ビル

EYE 京都本校　☎075(353)2531
〒600-8413　京都府京都市下京区烏丸通仏光寺下ル
大政所町680-1　第八長谷ビル

【LEC公式サイト】www.lec-jp.com/

スマホから簡単アクセス！

＊提携校はLECとは別の経営母体が運営をしております。
＊提携校は実施講座およびサービスにおいてLECと異なる部分がございます。

LEC提携校

■ 北海道・東北

八戸中央校【提携校】　☎0178(47)5011
〒031-0035　青森県八戸市寺横町13　第1朋友ビル　新教育センター内

弘前校【提携校】　☎0172(55)8831
〒036-8093　青森県弘前市城東中央1-5-2
まなびの森　弘前城東予備校内

秋田校【提携校】　☎018(863)9341
〒010-0964　秋田県秋田市八橋鯲沼町1-60
株式会社アキタシステムマネジメント内

■ 関東

水戸校【提携校】　☎029(297)6611
〒310-0912　茨城県水戸市見川2-3092-3

所沢校【提携校】　☎050(6865)6996
〒359-0037　埼玉県所沢市くすのき台3-18-4　所沢K・Sビル
合同会社LPエデュケーション内

東京駅八重洲口校【提携校】　☎03(3527)9304
〒103-0027　東京都中央区日本橋3-7-7　日本橋アーバンビル
グランデスク内

日本橋校【提携校】　☎03(6661)1188
〒103-0025　東京都中央区日本橋茅場町2-5-6　日本橋大江戸ビル
株式会社大江戸コンサルタント内

■ 東海

沼津校【提携校】　☎055(928)4621
〒410-0048　静岡県沼津市新宿町3-15　萩原ビル
M-net パソコンスクール沼津校内

■ 北陸

新潟校【提携校】　☎025(240)7781
〒950-0901　新潟県新潟市中央区弁天3-2-20　弁天501ビル
株式会社大江戸コンサルタント内

金沢校【提携校】　☎076(237)3925
〒920-8217　石川県金沢市近岡町845-1　株式会社アイ・アイ・ピー金沢内

福井南校【提携校】　☎0776(35)8230
〒918-8114　福井県福井市羽水2-701　株式会社ヒューマン・デザイン内

■ 関西

和歌山駅前校【提携校】　☎073(402)2888
〒640-8342　和歌山県和歌山市友田町2-145
KEG教育センタービル　株式会社KEGキャリア・アカデミー内

■ 中国・四国

松江殿町校【提携校】　☎0852(31)1661
〒690-0887　島根県松江市殿町517　アルファステイツ殿町
山路イングリッシュスクール内

岩国駅前校【提携校】　☎0827(23)7424
〒740-0018　山口県岩国市麻里布町1-3-3　岡村ビル　英光学院内

新居浜駅前校【提携校】　☎0897(32)5356
〒792-0812　愛媛県新居浜市坂井町2-3-8　パルティフジ新居浜駅前店内

■ 九州・沖縄

佐世保駅前校【提携校】　☎0956(22)8623
〒857-0862　長崎県佐世保市白南風町5-15　智翔館内

日野校【提携校】　☎0956(48)2239
〒858-0925　長崎県佐世保市椎木町336-1　智翔館日野校内

長崎駅前校【提携校】　☎095(895)5917
〒850-0057　長崎県長崎市大黒町10-10　KoKoRoビル
minato コワーキングスペース内

高原校【提携校】　☎098(989)8009
〒904-2163　沖縄県沖縄市大里2-24-1
有限会社スキップヒューマンワーク内

※上記は2024年5月1日現在のものです。

書籍の訂正情報について

このたびは，弊社発行書籍をご購入いただき，誠にありがとうございます。
万が一誤りの箇所がございましたら，以下の方法にてご確認ください。

1 訂正情報の確認方法

書籍発行後に判明した訂正情報を順次掲載しております。
下記Webサイトよりご確認ください。

www.lec-jp.com/system/correct/

2 ご連絡方法

上記Webサイトに訂正情報の掲載がない場合は，下記Webサイトの
入力フォームよりご連絡ください。

lec.jp/system/soudan/web.html

フォームのご入力にあたりましては，「Web教材・サービスのご利用について」の
最下部の「ご質問内容」に下記事項をご記載ください。

> ・対象書籍名（○○年版，第○版の記載がある書籍は併せてご記載ください）
> ・ご指摘箇所（具体的にページ数と内容の記載をお願いいたします）

ご連絡期限は，次の改訂版の発行日までとさせていただきます。
また，改訂版を発行しない書籍は，販売終了日までとさせていただきます。

※上記「2ご連絡方法」のフォームをご利用になれない場合は，①書籍名，②発行年月日，③ご指摘箇所，を記載の上，郵送にて下記送付先にご送付ください。確認した上で，内容理解の妨げとなる誤りについては，訂正情報として掲載させていただきます。なお，郵送でご連絡いただいた場合は個別に返信しておりません。

送付先：〒164-0001 東京都中野区中野4-11-10 アーバンネット中野ビル
株式会社東京リーガルマインド 出版部 訂正情報係

> ・誤りの箇所のご連絡以外の書籍の内容に関する質問は受け付けておりません。
> また，書籍の内容に関する解説，受験指導等は一切行っておりませんので，あらかじめ
> ご了承ください。
> ・お電話でのお問合せは受け付けておりません。

講座・資料のお問合せ・お申込み

LECコールセンター 📞 0570-064-464

受付時間：平日9:30〜20:00/土・祝10:00〜19:00/日10:00〜18:00

※このナビダイヤルの通話料はお客様のご負担となります。
※このナビダイヤルは講座のお申込みや資料のご請求に関するお問合せ専用ですので，書籍の正誤に関するご質問をいただいた場合，上記「2ご連絡方法」のフォームをご案内させていただきます。